家裏的
蒙特梭利教室：

0-3歲 學前
教育遊戲

安瀟 著

最好的學前教育來自父母的用心
INTRODUCTION

1. 孩子為我的想像力插上翅膀

單身的時候，我是個天馬行空的人，生活的核心是動畫、繪畫與科幻，從北京到倫敦，再到各地旅行，我喜歡在世界地圖上不假思索地「三級跳」。那時我總以為我的任務只是自我完善，而「孩子」兩個字太不夠輕盈，似乎是實現這個理想的反方向。

後來我遇到了一個同樣愛自由的伴侶，他也經常不着邊際，喜歡一隻腳踏出現實之外。我們想方設法突破各種體驗，最後欣喜地發現自我完善的路原來可以兩個人並肩同行。

就從那時開始我們想要一個孩子。我體驗了懷孕的滿足，經歷了生育的陣痛，當 Suki 出生之後，我才豁然發現這一切都不是我之前的想像：孩子並不是我那個天馬行空的世界的束縛，她反而打開了門，引領我進入了一個新的世界，她給我的想像力插上了翅膀，讓幻想飛揚起來。

有了孩子做主角又做觀眾，我那些孩子氣的幻想在她身上找到了理所應當的施展空間。從 Suki 2個月大開始，我給她拍攝「Suki 的電影場」，把她打扮成電影裏的各種角色，用手工製作的道具還原經典電影場景。這個過程娛樂了親友和我自己，原來孩子的出現並沒有拴住我的玩心，她反而成了我最好的玩伴。

2. 思考甚麼是最好的學前教育

孩子像面鏡子，在審視她的過程中，許多回憶和思緒碰撞着，讓我重新發現了自己。我反復思考着自己的童年，意識到自己思維裏的固有局限，瞭解到童年的教育多大程度地塑造了成年的自己。我如饑似渴地閱讀兒童心理學和幼年教育書籍，這個思考和閱讀的過程讓我愈發相信一個美好的童年是人生最重要的根基。

我決心給孩子最好的童年，並思索着甚麼才是最好的學前教育。我想，既然我是這麼愛玩的媽媽，那我就要全身心地陪她玩，讓她玩得痛快、玩得徹底。我希望她在遊戲中學會獨立和勇敢、學會生活、學會與人相處、學會去愛，希望她在玩耍中不被打擾地找到真正的自己，也許這樣的方式就是最好的學前教育。

從1歲開始，Suki 變得非常好動，我把自己當作一個觀察者，追隨着她的

探索慾望。我針對她渴望求知的方向，提供相應的遊戲和環境讓她玩個夠。她口慾期最旺盛的時候，我收集各種天然又安全的材料，擦拭乾淨，讓她咬個夠，用嘴巴去感受和瞭解世界；當她總是搶我的化妝瓶企圖開蓋子的時候，我收集了很多不同的瓶瓶罐罐，讓她盡情地玩蓋蓋子的遊戲；當她開始對冷熱與材質敏感時，我就讓她玩水、玩泡泡、玩冰塊。我隨時針對她的興趣設計相應的遊戲，讓她把這個興趣探索下去。這種方式給了她很大的滿足感，通過遊戲，她認知世界、構建自我、找到自信心，學會新技能並大大提高了專注力。

3. 我和蒙氏教育一拍即合

Suki 快 2 歲時，我瞭解到了蒙特梭利，她是百年前一位偉大的教育家，她的教育法極大程度地影響了全世界的兒童早期教育。一個偶然的機會我參觀了蒙氏幼兒園，那裏有着寧靜而有秩序的氛圍，孩子們專注着自己感興趣的遊戲，快樂而滿足。他們沉浸在自然環境中，使用着天然的材料，教室裏的學習是自發的、由孩子來引領的，老師們對孩子細心觀察，完全尊重，不去干擾。

這些特徵極大地激發了我對蒙特梭利教育法的好奇。我閱讀了蒙特梭利的五本著作，如夢初醒：我之前一直在摸索針對孩子「興趣」設計遊戲的學前教育方法，不就是蒙特梭利所強調的敏感期教育嗎？蒙特梭利為孩子設計了很多學前教育教具，她倡導讓孩子在玩耍中進行自我發現，實現學前教育的目的。我深感這種教育方法和我一直以來的思考方向是吻合的，並且把我的很多模糊的感覺都清晰地理論化，給了我豁然開朗的啟迪和更加明朗的教育手法。我認同蒙特梭利教育裏的幾個主要特徵：①學前教育不是學院式的學習，更重在生活中方方面面的學習，讓孩子在玩耍中學會生活，在遊戲中培養獨立精神、探索精神、專注力、自製力和自理能力，學前教育是為了讓他們最終擁有完整和獨立的人格，發展出真正的自我；②父母應該虛心地觀察孩子，捕捉他們對事物所產生的敏感和好奇，因材施教地提供幫助他們探索的材料和環境，但不強制他們的興趣方向，也不打擾他們的專注；③崇尚自然，讓孩子的身心都能投入到自然中，使用天然的材料，讓他們被植被包圍，並給予他們充足的室外和野外活動的體驗。

我和蒙氏理論一拍即合。我贊同她所說的：「我們對兒童所做的一切都會開花結果，不僅影響他（她）一生，也決定他（她）一生。」

4. 在家「建」一個學前教育教室

我非常希望 Suki 能夠在蒙特梭利的環境中長大。但是家附近沒有適合的蒙氏幼兒園。遺憾之餘，我決心自己在家「建」一個蒙特梭利教室。正好我來自「手

工星球」，又是動畫導演，這個家庭教室不正好成為我的想像力的釋放場地嗎？我相信這並非天方夜譚，因為最好的學前教育一定來自父母的用心。

從這一刻起，我以蒙特梭利理論為藍本，基於我對女兒的觀察，又注入自己的創造，為Suki設計了許多學前教育遊戲。在我們玩得正有默契時，二女兒Sula出生了，我感到很幸運，可以讓Sula從生命的最初就在遊戲中暢游。我為2歲的Suki設計幼兒遊戲的同時，也開始為Sula設計嬰兒遊戲。在這些遊戲中，她們得到了快樂和自我發現的機會，實現着認知世界的學前教育目的。

在這樣的遊戲中，作為媽媽，我得到的最大收穫是自己變得更加虛心：把自己當作一塊豐厚土壤，給她們耐心的陪伴、充分的養料、自由成長的空間，讓她們成為自己想要綻放的那種花朵。我對她們的天然使命充滿了敬畏和尊重，要求自己不用局限性的思維去強行打擾她們。

5. 父母是最好的老師

在這段時間裏，很多媽媽和我交流她們的煩惱：寶寶並不那麼喜歡玩玩具，買來的玩具浪費了錢又佔了空間；想要孩子擁有最好的學前教育，似乎送去昂貴的學前教育班才是唯一的選擇，此時，我的學前教育遊戲筆記給了媽媽們別樣的啟發：學前教育不一定需要花費很多金錢，它可以非常簡單並且信手拈來，可以用生活中常見的材料，為孩子量身定做。這些遊戲可以隨時布置起來，結束了也易於整理，不會佔用很大空間，許多材料還可以回收利用。最重要的是，爸爸媽媽成為了最好的學前教育老師，只有親自和孩子遊戲互動，才能夠敏銳地覺察孩子的敏感期，體會他們正在成長的方向，感嘆他們的點滴進步。孩子還沒有豐富的語言，做這些遊戲就是他們最好的溝通和對話的方式，在遊戲中孩子和父母相互傳遞着愛與歡樂，相互滋養，共同成長。

而這就是這本書誕生的原因，我希望把這些簡單的小遊戲分享給更多想要和孩子親密互動和共同成長的父母們。在下雨天、陰冷的冬天、被困在家足不出戶的日子裏，我希望這本書能帶給父母和孩子們更多歡笑和相互瞭解的感動。

祝願所有的孩子都健康快樂，所有的父母都能輕鬆如願地成為孩子最好的夥伴。

安瀟

遊戲指南
GAME GUIDE

　　本書的遊戲內容分為嬰兒篇和幼兒篇。

　　嬰兒篇(0-1歲)：嬰兒時期是人的一生成長變化最大的時期，這一時期的寶寶無論身體還是智力，每個月都有顯著的不同。因此，本書嬰兒篇按照月齡，為從新生兒到1歲的每個階段的寶寶設計了相應月齡的遊戲。

　　幼兒篇(1-3歲)：本篇是設計給1-3歲寶寶的遊戲。之所以把1-2歲和2-3歲的遊戲合併在一起，是因為我在實際操作中發現很多遊戲都適合這兩個階段的寶寶玩耍。在寶寶比較小的時候，例如1歲多時，可能大部分遊戲需要父母全程陪伴，進行輔助，他們也許手很生疏，也有點膽怯，隨時需要得到鼓勵和幫助。但隨着年齡增長，相同的遊戲他們可以做得更加熟練和自信，甚至不需要父母的幫助就能獨立完成。再者，不同孩子的敏感期並不一樣，例如有些寶寶1歲就開始着迷於拼圖，但另一些寶寶可能2歲多才對拼圖產生興趣。因此本書幼兒篇沒有刻板地按照年齡來對遊戲進行劃分，而是鼓勵父母觀察自己孩子的敏感期，再從這本書中尋找適合的遊戲。

　　在幼兒篇遊戲的分類上，本書按照蒙特梭利博士的學前教育方法，分為感官訓練、身體技能、數學與秩序、科學與自然、生活實踐、語言發展和美術與創意幾個方面，以便家長們按照所需搜尋遊戲。每一款遊戲，都交代了需要準備的材料和執行的方法，以及所對應的學前教育學習內容，並附上了Suki和Sula的遊戲表現以作參考，同時也對遊戲安全或者不同的遊戲形式給出了提示。

　　需要注意的是，做遊戲時不同年齡的寶寶所需要的安全保護也是不一樣的。對於正處於口慾期的寶寶尤其要注意材料的安全性，避免他們吞咽大顆粒物而產生危險。對於一些遊戲材料和道具，本書也給出了適合口慾期寶寶的不同選擇。

為確保寶寶的安全，書中推薦的所有遊戲都應在成人的看護下進行。

目錄
CONTENTS

Part 1　嬰兒篇 0-1 歲

Part 2　幼兒篇 1-3 歲

PART 1

嬰兒篇 0-1 歲

0+ 月齡
0 TO 3 MONTHS OLD

　　Suki剛出生的時候，我經常入迷地看着她：她努力睜開眼睛，張開手指，用身體的每一寸皮膚接收來自外界的信息。她的成長變化發生得太快：一個只知道吃和睡的小傢伙，似乎一夜之間就懂得看着我的眼睛對我笑了。當她把頭抬起來，發出「咿咿啊啊」的聲音，試着用小拳頭觸碰我的臉時，我感動地體會着弱小的她在多麼努力地適應着這個世界、渴望着和外界互動。作為媽媽，我想用最溫柔的方式幫助她建立自己和外部世界的連結，讓她在這個大大的世界中找到小小的自我。我與她親密地遊戲，觀察和滿足她的感官發展的探索需要，並讓她在遊戲中建立安全感、體會愛，幫助她逐漸成為一個獨立的個體。

　　兩年後二女兒 Sula 出生，我汲取互動遊戲中的經驗，讓她從出生起就有了一個可以隨時根據她的需要變化的、充滿親密時光的「家庭教室」。

SUKI
出生 10 天

曬着太陽聽媽媽唱歌
LISTEN TO MUMMY SINGING

● **方法和準備**

在傍晚溫和的陽光裏，初生10天的小Suki第一次到院子裏來曬太陽，我們抱着她，讓她的小手小腳在陽光裏裸露幾分鐘。我一直在她耳邊輕輕哼那些她在胎兒時期就能每天聽到的歌。

● **學習和表現**

新生寶寶在室內待久了，需要曬一曬太陽。讓他在陽光下裸露手腳可以促進鈣的吸收，有益於骨骼發育。在不過多刺激的情況下，讓他的皮膚感受陽光和微風，聽一聽自然環境裏的鳥叫蟬鳴，聞一聞花的香氣，可以促進寶寶的感官發展。媽媽的歌聲能讓他感到熟悉和安全，在全新的世界裏不受太多驚擾。

TIPS

新生兒曬太陽時，要選擇陽光溫和的傍晚，避免寶寶被強烈的陽光直接照射。剛開始曬太陽的時間不宜太長，從手腳開始，並注意保暖。慢慢地可以增加曬太陽的時間和範圍。

柔軟世界的「社交」聚會
A SOFT COLOURFUL WORLD

● 方法和準備

寶寶滿月以後，就可以開始「社交」了。帶他去一個被色彩鋪滿的房間與其他寶寶見面。這裏滿是柔軟的墊子和嬰兒玩具，他可以盡情地吃喝玩樂並睡上一覺，度過充實的「社交」時間。

● 學習和表現

小嬰兒似乎天生就對其他寶寶感興趣，彷彿知道他們都來自同一個星球，他們喜歡觀察對方，似乎也在對方的身上看到自己。給他們一個柔軟的環境，即使一起睡大覺也是一種完美的「社交」儀式。繽紛的色彩、軟綿綿的觸感、聲響柔和的嬰兒玩具、其他嬰兒的凝視和觸摸，都會刺激新生寶寶的感官發展。

TIPS

與其他媽媽和寶寶見面，對新媽媽來説也是最好的社交方式，媽媽們相互交換體驗、傾訴困擾、緩解壓力、分享好笑的瞬間。新媽媽和寶寶都需要走出封閉的室內，到安全又舒適的社交場所裏尋求同類的接觸與情感溝通。

視覺訓練的黑白卡片
INFANTS VISUAL STIMULATION CARDS

● 方法和準備

　　我用一套黑白對比鮮明的可愛動物圖樣卡片，幫助2個月的Sula進行視覺訓練。我取出一張卡片，用手舉在她面前25厘米處，叫她的名字，將她的注意力吸引到卡片上來，用手指在圖片上描繪小動物的輪廓，看她能不能用眼睛追蹤移動的手指。黑白色的卡片能夠很好地吸引她的注意力，並訓練她的視力。我嘗試把卡片慢慢地從她臉部的一側移動到另一側，看她能不能轉動脖子追看物體。同時，我向她介紹卡片上的動物，讓她熟悉語音。

● 學習和表現

　　這是一個刺激和發展視力的遊戲，同時可鼓勵寶寶轉頭和聆聽。2個月的Sula很喜歡盯着這些卡片聽我説話，再大一些，她就會試着用拳頭去觸碰卡片。

TIPS

　　這個遊戲除了在寶寶躺着時可以玩，也可以用於俯臥時間的抬頭練習。在寶寶趴着的時候，把卡片放在她面前，緩緩向上移動，鼓勵寶寶追視和抬頭。

在院子裏觀賞天空下搖曳的枝葉
BRANCHES，LEAVES AND SKY

• 方法和準備

我在深秋的院子裏鋪上厚厚的毯子，Suki 舒服地躺在上面，用她的視角觀賞天空、白雲和搖曳的枝葉，聽聽風吹樹葉的沙沙聲響，聞聞樹皮、落葉的清香味道。

• 學習和表現

2個月的寶寶醒來的時間多了很多，他忙碌地觀察着周圍的世界。這個月齡的寶寶還不能夠翻身和坐起，大多數時候只能平躺着，長時間面對着天花板。把寶寶移到院子裏，他看到的景色馬上就精彩起來。變幻莫測的天空景象一下子就吸引了Suki的注意力，枝葉的鮮艷色彩在她的眼裏留下對自然的最初記憶。

TIPS

寶寶的眼睛柔弱敏感，無法承受過強的光線，觀賞天空要在陰天或者光線柔和時進行，黃昏是個好時段，天空有豐富的色彩。

平躺的鞦韆
SWING

● 方法和準備

外面的天氣那麼好，我急不及待想帶 Sula 去感受外面世界的各種美好。我在公園裏找到了平躺的鞦韆，2個月的 Sula 也可以參與遊戲。她躺在上面和姐姐 Suki 一起輕輕搖，感受身體盪漾的新奇感。

● 學習和表現

2個月的寶寶還不會翻身，出門時似乎甚麼也玩不到，如果能幫他找到一些安全有趣的室外遊戲，他會非常開心。室外的遊戲能夠帶來新的視野和身體刺激，增加他的社交和情感溝通體驗。陽光和新鮮的空氣也有益於他的健康和發育。

TIPS

適合小月齡寶寶的室外遊戲有平躺的鞦韆、柔軟的吊床，還可以帶他坐搖晃的小船，這些遊戲應在家長的看護下進行。

視覺瓶子
VISUAL BOTTLES

• 方法和準備

　　我收集了一些細長、透明的空瓶子，把它們製作成具有不同顏色和材質的視覺瓶子：有些裝着米粒，裏面藏着木製字母；有些裝着漂浮的彩色絨球；有些裝着彩色的水與油的混合物，飄浮着塑料小球。我拿着它們在 Sula 眼前搖晃，瓶子裏的物質流動起來，呈現出各種視覺變化，牢牢地吸引了她的目光。

• 學習和表現

　　2 個月的寶寶非常喜歡看動態的東西，這些視覺瓶子產生的色彩和「流動感」會使他產生很大興趣，刺激他的視覺發展和大腦發育。細長的瓶子可以吸引寶寶用小手去抓握，增強手眼協調能力。在寶寶身體活動能力增強以後，可以用視覺瓶子鼓勵她扭頭、伸手、抬腿，也可以在「俯臥時間」吸引他練習抬頭。

TIPS

　　視覺瓶子有多種多樣的做法，很多材料都可以採用，主要為了實現兩個效果：材質可以流動，並且有漂亮的顏色。如果能發出聲響就更好了。

　　視覺瓶子可以一直伴隨寶寶的成長，9個月時，Sula 喜歡一邊爬一邊去追滾動的瓶子。

和家裏的寵物做朋友
MAKING FRIENDS WITH HOME PETS

TIPS

讓家裏的寵物和寶寶做朋友，要先讓寵物熟悉寶寶的氣味，在牠沒有抵觸情緒的情況下才能把寶寶介紹給牠。切忌讓寶寶和寵物單獨相處，即使是父母離開片刻，也要做好寶寶與寵物的隔離，以免造成傷害。有寵物的家庭應做好居家衛生工作，並及時給寵物接種疫苗。

● **方法和準備**

　　Suki 從出生開始就有家裏的寵物狗 Billy 陪伴。在父母在場的情形下，我們允許她和狗狗親密接觸。Billy 非常懂事，把 Suki 當作可以一起打發時間的小主人，總喜歡和她待在一起，查看她是否安好，總會對她的情緒做出反應。Suki 常常盯着 Billy 看，用手摸牠柔軟的長毛，當 Billy 舔她手心時她會咔咔笑。

● **學習和表現**

　　3 個月的寶寶變得更好奇、更愛玩，也開始喜歡夥伴，家裏的寵物可以成為他生命中最初的朋友，帶給他笑聲，引導他觀察和學習。與寵物的互動玩耍和情感聯繫，也會刺激寶寶的感官和心智發展，啟發他感知世界，帶給他安全感、舒適感和信心。

Suki 和 Billy 上演《哈比人》

與月齡數字合影
PHOTOS WITH NUMBERS

● 方法和準備

　　Suki 和 Sula 都有一套和月齡數字合影的照片。我用彩色的布剪出 1-12 的數字，把每個數字縫在一件小衣服上，每個月都給她們穿上同月齡的衣服，放在洗衣籃裏拍一張照片。1年以後把這些照片放在一起，可以一目了然地看到她們每個月的成長變化，作為參照物的洗衣籃也變得愈來愈小了。這是一套有紀念意義的照片，看到照片的親朋好友都會心一笑。

● 學習和表現

　　寶寶出生以後，父母可以試着拍一套「成長月齡照」給長大後的寶寶看。我想到了與月齡數字合影的主意，並且有參照物作為比較，成長一目了然。2歲後的 Suki 會經常看着這套照片來認識自己的成長，瞭解自己是從小嬰兒點點長大的，並會大聲説出照片裏自己的月齡數字。

TIPS

也可以用彩紙剪出的數字來合影。選擇一個參照物，會更明顯地看出寶寶的身體尺寸變化。

隨風舞動的彩色掛件
COLOURFUL MOBILES

• 方法和準備

Sula出生不久後，我用彩色的毛毯布、細線和竹圈給她製作了一個蝴蝶掛件，把它掛在Sula午睡時搖籃的上方。它可以隨風晃動，好像蝴蝶飛舞，Sula很喜歡盯着它們看，偶爾哭鬧時看着舞動的蝴蝶就不哭了。她3個月後我把它掛在遊戲毯上方，鼓勵她觀看，她會試着用手去抓。

• 學習和表現

彩色掛件很吸引寶寶的注意力，他喜歡觀察它們迎風而動的形態和漂亮的色彩。這樣的掛件可以幫助寶寶從啼哭中轉移注意力，也可以鼓勵他舉起手腳運動起來。Sula看着蝴蝶，一邊伸手踢腿，一邊發出高興的「咕咕」聲。

TIPS

3個月以後的寶寶力量變大了，如果是手能抓到的掛件一定要懸掛得很牢，以防被寶寶扯下來而傷到他。

3⁺ 月齡
3 TO 6 MONTHS OLD

　　3-6個月的寶寶正在迅速成長，無論身體、心理和認知都飛快而顯著地成熟着。這個時期的Sula擁有了許多不可同日而語的能力，她更有力量，可以更好地控制自己的四肢和雙手，開始抬頭，翻身，並想要坐起來。她充滿了好奇，喜歡用視線追蹤着我的一舉一動，懂得用喊聲或者假裝的哭聲引起我的注意。她充滿了幽默感，最喜歡和爸爸媽媽逗趣。她長時間地觀察我們的臉，專注地看鏡子裏的自己。

　　手指的抓握能力給了Sula很大的信心和掌控感，她終於能把眼睛看到的物品拿到自己面前了。再大一點，她開始喜歡扔東西，晃動物品，翻來倒去，她用這種方式瞭解物體的特徵，並用自己的身體征服它。她蠢蠢欲動，變成想要控制周圍世界的小怪獸。在這個時期，我給她設計了很多手指練習遊戲刺激大腦的發育，並提供各種各樣溫和的感官遊戲去吸引她，鼓勵她用身體去探索和征服環境。

童話和電影的攝影遊戲
HER FAIRY TALES

TIPS

我們的童話和電影場景拍攝只堅持到 Suki 5 個月，6 個月以後她的破壞力就太大了，道具剛一做好就被她興高采烈地扯爛了。

● 方法和準備

我給 Suki 縫製了一些戲服，製作了道具，手繪和拼貼了背景，讓她躺在場景中並把她拍下來，她變身成了童話和經典電影裏的主角。製作和拍攝這些照片給作為新媽媽的我帶來很多樂趣，和她一起幻想着、遊戲着，度過了那個寒冷難熬的冬天。

● 學習和表現

2-5 個月的寶寶還不會到處亂爬，也不會力氣太大而破壞道具，新媽媽可以動腦筋擺出一些畫布背景，把他當作故事主角拍攝下來。這個遊戲可以幫助新媽媽在和寶寶互動的過程中尋找樂趣。這些照片成了值得珍藏的紀念，也帶給了親朋好友和長大後的 Suki 很多笑聲。

① ET 外星人（Suki 14 周）

② （左）第五元素（Suki 17 周）
③ （右）2001 太空漫遊（Suki 21 周）

④ 愛麗絲夢遊仙境（Suki 23 周）　⑤ 亂世佳人（Suki 26 周）　　⑥ 權力遊戲（Suki 32 周）

聲音瓶子
SOUND BOTTLES

● 方法和準備

我收集了小果汁瓶，洗乾淨，將不再需要的珠子項鍊拆散，把彩色的小珠子封裝在瓶子裏。搖晃時聲音瓶子會發出好聽的「沙沙」碰撞聲，Sula對這個聲音很感興趣，眼睛睜得很大，仔細聆聽。她會抓握了之後，經常手拿着這個小瓶子使勁搖晃，當作樂器。

● 學習和表現

3個月的Sula對聲音很好奇，喜歡隨着聲音去尋找聲源。聲音瓶子可以訓練她的聽覺敏銳度，「沙沙」的聲響也會讓她覺得開心和好玩，會抓握了以後這就是她的第一件樂器。聲音瓶子在視覺上也可以很好看，彩色的珠子晃動的樣子很吸引她的注意。

TIPS

製作聲音瓶子的材質有很多，可以多實驗一下，選擇那些能在瓶子裏發出悅耳聲音的材質。瓶子要小而輕，適合寶寶抓握。瓶口最好用膠帶貼牢，以免寶寶吞咽掉出來的細小材料。

襪子上的驚喜
SURPRISES ON SOCKS

- **方法和準備**

我在 Sula 的小襪子頂部縫牢了幾個好玩的小物件，例如小絨球、扣子、木頭字母和絲帶，給她穿上襪子後，讓她伸手去碰腳丫上的「小驚喜」。

- **學習和表現**

4-6個月的寶寶忙着探索自己的身體，興奮地發現自己有了很多新的技能，他可以揮臂，可以踢腿，開始翻身並且去碰玩具，手眼更加協調。躺着的時候，Sula 喜歡去摸自己的腳趾，津津有味地玩腳丫。「襪子上的驚喜」可以幫助這個月齡的寶寶探索身體，鼓勵他進行抬腿和伸臂動作，增強肢體協調性和靈活性。Sula 很好奇自己腳丫上出現的這些小東西，努力去碰它們，一次次地把腳丫送到自己眼前仔細查看。

TIPS

襪子上的小物件要縫得很牢，以免寶寶摘下吞食。最好選擇色彩明亮的會引起他興趣的「小驚喜」。

救生圈裏的俯臥時間
TUMMY TIME IN RING

● **方法和準備**

　　我每天都會給Sula安排足夠的俯臥時間,鍛煉頸背部的肌肉力量。用胳膊支撐自己的上半身會比較辛苦,於是我給她找來一個救生圈。在救生圈裏她可以很舒服地抬頭張望,觀看媽媽做事,俯臥時間能堅持得更長,救生圈上的色彩和可抓握的小物件設計也很吸引她的注意力。

● **學習和表現**

　　寶寶練習俯臥有很多好處,可以幫助他練習抬頭,鍛煉他的頸部和背部力量,為將來的動作發育例如翻身和爬行做準備。俯臥的姿勢使他可以更好地看到周圍,而不是平躺着視線朝上,從而鼓勵他的探索精神;同時俯臥還會增強寶寶的消化吸收功能。這個月齡的Sula很喜歡以俯臥的姿勢對外界進行觀察,這樣一個救生圈可以幫助她更長時間保持俯臥的姿勢。

TIPS

　　還可以在寶寶面前提供一些玩具,鼓勵她用俯臥的姿勢去探索。

裸身感受天然
BE NAKED

● 方法和準備

　　有時我會在家裏鋪上大然質感的叮洗絨布，保證房間溫暖後，讓 Sula 脫掉尿布裸身 10-20 分鐘。在窗前，陽光灑遍她全身，她用身體去感受絨布的柔軟和陽光的溫暖。

● 學習和表現

　　寶寶從出生第一天起就被包裹着，他也需要有機會去用全身的皮膚感受整體環境，增加他對外界和自然的觸覺體驗，他身體的每一寸皮膚都是與記憶相連的。「裸體時間」讓寶寶嫩嫩的小屁股有機會通風，而不是總被潮濕的尿布包着，因此還可有效地預防濕疹和「紅屁股」。Sula 非常喜歡不穿尿布的時候，一到「裸體時間」她總是很活躍和高興。

TIPS

　　可以給寶寶專門準備一塊很大的可洗絨布，「裸體時間」就鋪在地毯上或沙發上，不怕他把家裏弄髒。

媽媽的「絎縫被」遊戲毯
MUMMY'S PLAY MAT

● 方法和準備

　　Sula出生之前我學會了使用縫紉機，在她4個月會翻身的時候我為她製作了一條遊戲毯。我將五種秋天顏色的棉布剪成正方形拼縫起來，在毯子中間夾了製作被子用的棉花，再把邊緣包裹起來縫好，「絎縫被」遊戲毯就做好了。遊戲毯很柔軟，可以鋪在家裏或室外的任何角落供她遊戲、翻滾、玩耍，弄髒了塞進洗衣機一洗就好。

● 學習和表現

　　4個月的寶寶開始翻身了，他需要大量的墊上活動時間，遊戲毯可以讓他隨意翻滾，旅行時也方便携帶。使用多種顏色的布塊可以吸引他認知色彩。有時白天Sula玩累了，就在遊戲毯上趴着睡覺。

TIPS

　　蒙特梭利式的房間布置鼓勵寶寶在地鋪上睡覺，開放式的床墊會給他開闊的視野和行動的自由，鼓勵他翻身、探索、學爬，幫助寶寶建立獨立人格。

天然質感的手抓玩具
WOODEN TOYS

- **方法和準備**

　　我一直在尋找天然質感的可以訓練手指的玩具，很滿意這個木頭毛毛蟲，Sula可以用兩隻手把它扭成各種形狀。

- **學習和表現**

　　手的精細運動是寶寶嬰幼兒期成長的一大課題，將來的許多身體技能和智力開發都建立在雙手能夠靈活地進行精細操作和配合的基礎上。5個月的寶寶已經可以很熟練地用手抓握玩具了，會敲打和丟甩；也可以開始運用大拇指和食指做一些精細動作，例如撿和擰；還可以兩手配合操作玩具。因此寶寶需要安全又能進行手部練習的玩具，例如這個木頭毛毛蟲就可以訓練手指的各種動作，木頭的質感也很天然。

TIPS

　　蒙特梭利的教具中很少有塑料等人造材料，更鼓勵寶寶去觸碰自然中本身存在的那些材質。

手工製作一套毛毯小動物
FELT ANIMALS

● 方法和準備

我用彩色毛毯給 Sula 製作了一套小動物。我設計好動物形象,在毛毯布上把小動物身體各部分剪出來,中間用棉花塞滿,邊緣用線縫合,眼睛、鼻子和身體上的紋路等用熱膠水黏上,一套毛毯小動物就做好了。

● 學習和表現

在寶寶開始認知世界的過程中,除了父母以外,小動物通常是他最先熟悉和喜愛的角色。從寶寶五六個月開始,就可以把不同的小動物介紹給他了。手工製作的毛毯小動物柔軟天然,很容易用手拿起來看,Sula 一邊觀察這些小動物形象,一邊聽媽媽告訴她這些小動物的名稱和模仿動物的叫聲。這是她最初的聲音和語言課,她會記憶和模仿這些聲響,小動物的名稱也會是她最先知道的單詞之一。

TIPS

也可以直接購買反面帶黏性的毛毯布,製作起來會更方便,剪出形狀以後一貼就好。

水氣球
WATER BALLOONS

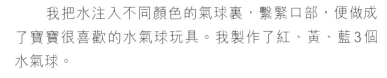

● 方法和準備

我把水注入不同顏色的氣球裏，繫緊口部，便做成了寶寶很喜歡的水氣球玩具。我製作了紅、黃、藍3個水氣球。

● 學習和表現

這個月齡的寶寶身體更加強壯，活動自如了很多，不停地翻身、伸手抓物，甚至匍匐前進。Sula對不同事物的質感變得敏感起來，水氣球啫喱似的手感讓她很好奇，吸引她用手去抓、拍、捏和按。她的小手可以很容易地抓起水氣球，球掉到地上時因為有彈力還會滾動，這會鼓勵她運動四肢、翻身去碰水氣球，並為開始爬做準備。

TIPS

剛做好的水氣球通常很結實，手指抓捏甚至牙齒咬也不容易破；放置時間過久的水氣球會失去彈性，表層容易破漏。所以寶寶不玩的時候，把水放走就好。

 月齡
6 TO 9 MONTHS OLD

6個月以後，Sula 的幽默感大爆棚，是個懂得用表情和聲音表達情感的社交高手。她還是很依戀媽媽，經常像樹熊一樣抱着我不放。

她翻身靈敏、喜歡坐起來，這樣的新視角給了她更多掌控環境的信心，坐着玩耍時專注的時間也更長了。她開始匍匐前進，逐漸能夠扶着沙發站起來。這些新的身體技能帶給她無窮的樂趣，讓她心情大好，每天都要反反復復地測試。她的手眼配合也更加協調，會把手裏的物品顛來倒去仔細觀察。因為這樣的需要，我給她設計了一系列可以發展身體協調和手指靈活的遊戲。

她的感官感覺也進入大發展的階段。添加輔食品是一件大事。她喜歡用嘴巴感受事物的冷熱硬度，用手指觸摸物體的軟硬材質。在聽覺上，旋律一出現她就搖頭晃腦。

低矮的鏡子
LOW ANGLE MIRROR

- **方法和準備**

在寶寶的小床或者活動區接近地面的地方放置一面小鏡子，讓他即使躺着或者趴着，也能通過鏡子看到自己的臉和房間裏的景象。

- **學習和表現**

6個月的寶寶有各種各樣的表情和情緒，他非常喜歡看人的臉部，捉摸表情與情緒的關係，也開始探索自己與他人以及外界的關係。鏡子是幫助他認知世界的神奇寶物，從鏡子裏看到自己和媽媽，他開始認識到自己和媽媽是不同的個體，這是自我認知發展的初始。Sula很喜歡透過鏡像觀察和模仿媽媽的表情，她也總是一看到鏡子裏的胖寶寶就笑起來。

TIPS

蒙特梭利式的嬰兒房或活動室裏總有一面低矮的鏡子。活動區的鏡子可以更大一些，這樣在之後的幾個月裏可以鼓勵寶寶站起來照鏡子。

音樂盒子
MUSIC BOX

● **方法和準備**

　　家人送給 Sula 一個木製的燈塔小船音樂盒，小船會隨着動聽的音樂不停旋轉。

● **學習和表現**

　　這個月齡的寶寶不僅對聲音很敏感，也開始對旋律有反應了。動聽的旋律不僅會吸引他的注意，也會讓他笑起來，並隨之搖擺身體。音樂盒子是最適合嬰兒的音樂玩具，旋律簡單、音質清脆。這個燈塔小船的音樂盒最合我心意，Sula 目不轉睛地觀看小船轉圈圈，聚精會神地聽，並用手去抓小船。這是一個她總也玩不厭的玩具。

　　買來的音樂盒要仔細檢查是否安全，不能有可能會掉落的小部件，以防寶寶吞咽。

綢帶牆
RIBBON WALL

- ● **方法和準備**

  我把綢布剪成布條，縫成搖曳的綢帶牆，讓Sula觸摸並感受布條的輕盈質感，拉拽綢帶，觀察布條飛舞的樣子。

- ● **學習和表現**

  這個月齡的寶寶開始好奇事物的「恒定性」，Sula對事物「似乎從眼前消失但其實還在那裏」感到特別興奮，因此她喜歡半透明的屏風，或者「看不見又似乎看得見」的躲貓貓遊戲。「綢帶牆」遮蓋了Sula部分視野，她喜歡不停地用手去撩開綢帶，讓後面的景色一次次顯現出來；她也很喜歡拉拽綢帶，握着它們在眼前晃來晃去。這個簡單的小遊戲帶給她很多幸福感。

TIPS

寶寶的拉拽很有力量，因此綢帶牆要做得夠結實，尤其是兩端要牢固地繫在牆上。這個遊戲也可以鼓勵寶寶坐起來玩。

綢帶瓶子
RIBBON BOTTLE

• 方法和準備

我把許多彩色的布條塞進一個透明的瓶子，布條的一端露在外面，Sula會很好奇地把綢帶一根根拽出來。

• 學習和表現

寶寶開始有了「裏面」和「外面」的朦朧意識，你會經常發現他企圖把盒子裏或者櫃子裏的東西拽出來，有時又會把東西塞進盒子裏。這是寶寶在探索物體的空間關係。「綢帶瓶子」是滿足寶寶好奇心的探索遊戲之一，瓶子「裏面」的彩色布條被他拽着就變到「外面」來了，他覺得這是神奇的小魔術，能專注地玩很久。這個遊戲還可以讓他練習拉拽的動作，並觀察色彩。

TIPS

布條也可以塞進盒子裏做成「綢帶盒子」。瓶子與盒子要稍微重一點，才不會隨着布條被拉起來。

練習手指的木頭玩具
TOYS FOR FINGERS

TIPS

應注意檢查木製抓握玩具的質量，要能保證「關節」不會損壞或脫落，不會有小部件被寶寶拆下來。

● 方法和準備

我很喜歡為Sula收集木製的抓握玩具，它們有天然的質感，造型設計讓小手很容易拿起來。它們的特色是都有一些可變化的「關節」：木頭花玩具上每一個花瓣都可以扭轉；木頭書可以讓Sula用手指練習翻頁的動作；木恐龍則各個關節都可以靈活扭動，可以兩手配合着玩。

● 學習和表現

手的精細運動是寶寶要不斷練習的重要技能，這些玩具可以增強他的手眼協調能力，鍛煉手部的肌肉和手指的靈活性。7個月的寶寶兩手的配合更熟練了，手成為他探索世界和增長智力的最重要的工具。

泡泡活動毯
BUBBLE FLOOR

- **方法和準備**

　　我把包裝用的氣泡膜平鋪在地面上，邊緣黏貼好，做成讓Sula探索泡泡質感的遊戲毯。

- **學習和表現**

　　這個月齡的寶寶好奇心旺盛，專注力也加強了。我會想辦法讓Sula觸摸各種材質。氣泡膜有着非常有趣的質感，她仔細地觀察和研究這些泡泡，用手指一遍遍地摸和按，用力拍打，偶爾按破一兩個泡泡，她覺得很新奇。

TIPS

　　將氣泡膜黏貼在低矮的牆上則可以鼓勵寶寶坐起來玩。

撿拾小零食
PICKING UP SNACKS

- **方法和準備**

    我把嬰兒適合食用的小零食放在桌面上，Sula很開心地用手指把它們拾起來，仔細查看，再放入嘴裏品嘗，她可以專注地吃很久。

- **學習和表現**

    這個階段的寶寶因為長牙和口慾期的關係，甚麼都喜歡往嘴裏放。另外，他們獨立精神猛長，餵飯時總想要自己抓食物來吃。所以這是個一箭雙雕的小遊戲，每天的零食時間，我都會準備一些可以用手抓的「手指食物」給Sula。撿拾小零食可以鍛煉手指靈活性，又能滿足寶寶想要探索食物並自己餵食的願望。這個簡單、自主的過程帶給Sula很多滿足感和掌控感。

TIPS

寶寶的正餐裏也可以加入手指食物，例如切成條狀的青瓜、芝士，或者煮好切成小塊的西蘭花、青豆和通心粉等，讓他獨立、主動地進食。自主進食非常有益於寶寶的身心發展和對食物的瞭解，對智力開發也很有好處。

橡皮圈手搖瓶
LOON BANDS BOTTLE

● 方法和準備

　　我把旅行時放沐浴露的小瓶子保留了下來，尺寸正好可以讓Sula輕鬆地抓在手裏。瓶子裝滿水，加入幾個彩色的橡皮圈，即刻就變成了漂亮又好玩的手搖瓶。

● 學習和表現

　　現在Sula的手部肌肉更有力量了，我便把她小嬰兒時期的「視覺瓶子」改成了「手搖瓶」，這樣在吸引她注意力的同時，也可以練習手的抓握。Sula會為漂亮的事物着迷，她仔細觀看瓶子裏面的彩色橡皮圈隨着重力在水中緩緩下沉，用雙手把它顛來倒去，搖晃着看瓶子裏橡皮圈的變化。

TIPS

　　在寶寶小月齡時製作的那些「視覺瓶子」和「聲音瓶子」的創意都可以用在「手搖瓶」上，不同的是手搖瓶的瓶子要小，寶寶可以自己抓握着創造視覺和聲音的變化。

多材質感官板
SENSORY BOARD

TIPS

　　製作多材質感官板的要點之一是把所有元素都牢牢地固定住，以防寶寶扯下來吞咽。

• 方法和準備

　　我在閣樓找到一個廢棄的畫框，取出背面的畫板做底板，給Sula做了一個多材質感官板。我在底板上分出均勻的幾格，將一些材質有特色又安全的日用品固定在上面。我找到的材質有：洗碗球、婚禮剩下的白紗、綢帶、雪條木棍、毛毯、洗碗網布、紐扣、氣泡膜包裝、清潔絨球、聖誕包裝紙、洗臉棉布、棉花。

• 學習和表現

　　感官的發展是成長發育過程中的關鍵，材質感官板正是開啟寶寶觸覺記憶的玩具，讓他把眼睛看到和手指觸摸到的感覺進行關聯。我總是想要為Sula提供不同材質的物品讓她觸摸，但又擔心她把這些物品放進嘴裏。多材質感官板提供了解決方案：各種材料都固定在板子上，她能盡情觸摸卻不會吃進去。Sula趴在感官板上用手指去觸摸每種不同的材質，尤其喜歡彩色扣子那一格。

吹泡泡
BLOWING BUBBLES

● 方法和準備

吹泡泡是每家都會有的遊戲,不要忘了小寶寶也熱愛漫天飛舞的泡泡。吹泡泡給親子互動時間帶來好多笑聲。

● 學習和表現

追泡泡、抓泡泡、踩泡泡,可以促進寶寶的手眼協調能力,鼓勵他運用自己的身體。泡泡的出現、飛舞和消失的過程也讓她認識到事物之間的因果關係,色彩斑斕的泡泡漫天飛舞的情景會產生令他着迷的視覺吸引力。

TIPS

遊戲過程中要注意不要讓寶寶把泡泡吃到嘴裏。

氣球纜車
BALLOON CABLE CAR

- **方法和準備**

　　我把氣球吹鼓，用膠帶固定在吸管上，將毛線穿過吸管再固定在房間的兩端，氣球纜車就完成了。Sula會伸手去摸氣球，拍打它，看它在「軌道」上飛速行駛。

- **學習和表現**

　　小寶寶很喜歡氣球，躍躍欲試地想去玩，但他運動能力有限，不容易拍到氣球，拍飛了也無法去撿球，所以我創造了這個簡單的氣球遊戲。「氣球纜車」的低處正好在 Sula 的頭頂上方，她可以伸手輕易拍到氣球，氣球纜車也會隨着重力滑回她的頭頂上，因此她也能對氣球遊戲有點控制感了。拍打動作可以訓練寶寶的手眼協調力和身體靈活性。

TIPS

　　寶寶會爬的話還可以把氣球放得更低一些，在她的手能碰得到的地方，鼓勵他爬着去追氣球。

9 TO 12 MONTHS OLD

　　這個月齡的 Sula 變得意志非常堅決，想要的東西就一定要拿在手心，不然就會極其惱火地大聲抗議。她的身體也更加強壯和靈活，幾乎是在一夜之間，她站了起來並開始扶着家具行走，她可以上樓梯、上沙發、「越獄」嬰兒床。她的手指變得非常靈活，拼命要去按一切按鈕，打開所有櫃門和瓶蓋。她喜歡盡情地扔東西，忽然變成了一個不可阻擋、想要上天入地的「小魔王」，執拗起來經常連姐姐也會輸給她。

　　她對事物變得敏感和專注，有時她會像凍結了似的聚精會神地觀察一件物品。她的五感對着大千世界全面開放，此時的她就像吸水海綿，作為媽媽，我想辦法充分滿足她感官探索的渴望。

藍色意粉的海洋
PASTA PLAY

- **方法和準備**

把意粉煮軟，用涼水浸泡使之變韌，濾水後盛入大碗，加入幾滴藍色食用色素攪拌均勻，放置到室溫晾乾後就可以使用了。我把藍色意粉放在盆裏當作「海洋」，加入一些玩具人偶，讓Sula這個「小怪獸」來「攻擊」浪裏顛簸的小船吧。

- **學習和表現**

在寶寶需要大量感覺遊戲滿足感官發展的月齡，我經常利用「可食用的感覺材料」，這些材料能夠提供有趣的觸感，又對口慾期的寶寶很安全，例如意粉就是很完美的材料之一。這個遊戲裏他可以體會柔軟的意粉在手指間纏繞的感覺，可以抓握、可以用兩手去拉，可以揉按甚至甩一甩，盡情發揮創造力，偶爾放進嘴裏也不用太擔心。意粉上色之後還可以配合人偶或動物玩具做成情景遊戲，啟發寶寶的理解力和想像力。

TIPS

可食用的感官遊戲材料還有麵糰、大米、粟米粒、豆子等。

感官瓶子
SENSORY BOTTLES

• 方法和準備

　　我收集了一些透明的塑料瓶子，加入不同的材質，使它們變成 Sula 很喜歡玩的一套感官瓶子，用到的材料有紅豆和白豆、玻璃彈珠、用色素染色的紅色通心粉、彩色米等。

• 學習和表現

　　這套「感官瓶子」是感官感覺的綜合性啟蒙玩具：每個瓶子裏的材質都有不同的色彩形態，抓握時有不同的重量，撞擊時發出不同的聲音，搖晃時呈現出不同的動態。瓶子的大小剛好能讓 Sula 握在手裏，可以讓她自己操作和觀察，練習手的抓握和增強手腕的力量。

　　9個月的 Sula 會非常仔細地觀察這些瓶子，有意去搖晃它們，聽到聲音會回以笑容。她會把瓶子翻來倒去，看裏面材質流動的狀態。這一套感官瓶子她可以一個人玩很久，最喜歡的是紅色小通心粉的瓶子。

TIPS

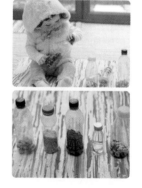

　　製作感官瓶子要注意封緊瓶口，勿讓寶寶吞食掉出的小物件。

廚房用具的藏寶籃子
TREASURE BASKET

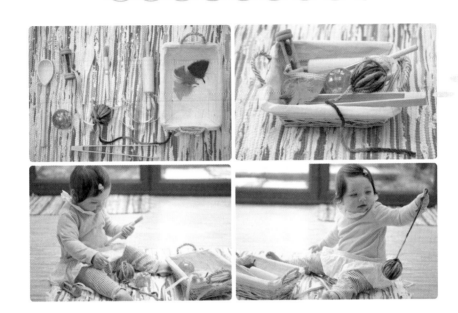

● 方法和準備

　　我收集了一套迷你的廚房烹飪器具：木勺、油刷、擀麵棍、沙漏、攪拌器和木夾子，把它們放在一個籃子裏。為了增加不同的顏色和質感，我把絲帶綁在一些工具上，還放入幾根彩色的羽毛，並纏了一個毛線球，最後放入一個有雪花亮片的彈力球。這些都是安全又乾淨的玩具，即使Sula偶爾用嘴巴咬一咬，我也不用擔心。

TIPS

　　工具最好是天然材質，表面光滑，不會有掉落的零件，尺寸也要讓寶寶的小手容易抓握。

● 學習和表現

　　「藏寶籃子」是一個典型的啟發式的蒙氏學前教育遊戲。每次Sula看到廚房裏的那些用具總是想要從媽媽手裏搶過來，這個遊戲正好可以滿足她對工具的好奇心。「藏寶籃子」可以激發寶寶的探索慾，培養她觀察和解決問題的能力，讓她練習用手操作工具，熟悉和記憶工具的材質與形狀。我把「藏寶籃子」放在Sula面前，她便開始興奮地探索了，一個一個地摸、甩、拉、扭，用各種方式去研究這些工具：她發現毛線球可以呈鐘擺狀搖晃；油刷的毛刷在臉上扎扎的；沙漏翻來倒去，裏面就會有沙子流動。

開啟繪本閱讀模式
READING PICTURE BOOKS

● 方法和準備

9個月的 Sula 很喜歡繪本，最愛的是「互動型」繪本，尤其是手指玩偶書和質感書。我們用玩偶書為她講故事時，將玩偶套在手指上就變成了會動的角色，她總是看得咔咔笑，還喜歡用手抓。質感書裏嵌入了配合故事的各種不同材質：絨布、絨毛、有紋路的硬紙、粗糙纖維等，她喜歡一邊聽故事，一邊用手指去觸摸。

● 學習和表現

1歲以下的寶寶專注時間還比較短，往往很難堅持讀完一本書。但從這個月齡開始培養閱讀繪本的習慣仍然是有必要的，「法寶」是能夠吸引他注意力的「互動型」繪本。這類繪本可以吸引寶寶來參與，讓閱讀以遊戲的方式呈現，例如會活動的手指木偶、可以觸摸到不同材質的質感書以及立體書、翻翻書、洞洞書等。「互動繪本」可幫助低齡寶寶增加閱讀的專注時間，從而養成每日和父母共讀的習慣，這會為他將來愛上閱讀、養成獨立閱讀習慣打下良好基礎。

Sula 從6個月開始便每日和爸爸媽媽共讀繪本，9個月時她已經有了自己的偏好，會把繪本從低矮的書架上拿下來要求我們來讀，11個月時便經常自己翻書看了。早上起床後，她常常會自己捧起書一頁頁地翻，安靜地待上很長時間。

TIPS

寶寶的閱讀書架最好選擇低矮的開放式書架，讓他的書都一目了然，不用站起來也能自己伸手碰得到，這樣可以鼓勵他主動拿書、獨立翻閱，寶寶總是在主動的行為中找到最大的興趣。

樂器探索
MUSIC CLASS

• 方法和準備

　　我收集了一套兒童樂器，現在這些樂器已成為姐妹倆經常使用的遊戲材料，它們包括沙錘、手搖鈴、鈴鼓、鈴鐺、手鼓、木琴、三角鐵和小鋼琴等。音樂課時，我們一起唱熟悉的兒歌，我一邊做動作，一邊演示樂器，Sula可以自己選擇身邊的樂器加入演奏，並跟隨節奏手舞足蹈。

• 學習和表現

　　樂器探索可以培養寶寶的樂感，Sula會扭動身體去感受樂器和身體以及音樂節奏的關係，體會不同的樂器有不同的發聲方式。她也非常喜歡探索這些樂器的拿握形式，試着用手抓住樂器不同的位置並搖晃，查看它們是否發出同樣的聲音。寶寶在音樂、節奏、舞蹈和與他人的互動中，能夠感受到極大的快樂。

TIPS

　　我給每一首兒歌配以固定的舞蹈動作，並把樂器和身體動作結合起來，每次的音樂課都重複這些動作，這樣寶寶不光靠聽覺，也可以用身體去記憶一首歌。

騰空和填充的遊戲
COLOUR PENS

● 方法和準備

這是一套姐姐 Suki 用來畫畫的 40 色兒童水筆,我把它們放在圓筒裏,給 Sula 做騰空和填充的遊戲。

● 學習和表現

從這個月齡開始到 1 歲半左右,寶寶會不知疲倦地着迷於這件事:把容器裏的物品拿出來,放進去,再拿出來,放進去⋯⋯如此反復。開始他可能只擅長把物品從容器中拿出來,但如果時不時給他演示如何把物品放入容器裏,他會很快被這個新的遊戲吸引,並在「拿」和「放」的過程中找到很大滿足感。通過遊戲,他開始理解物品的大小,認識到有些物品可以盛放其他物品。Sula 會津津有味地把水筆從圓筒裏一根根拿出來,看看它們的顏色,再把它們一根根插回去,就這樣反反復復地玩好久。

TIPS

許多物品都可以用來做這個遊戲,例如紙巾與盒子、鑰匙與口袋、石子與小桶等。我採用兒童水筆是因為它的色彩非常吸引人,而且 Sula 需要不斷提高「放進去」的技巧才能把 40 支筆都塞進圓筒裏去。

彩色水筆和洗衣筐的孔洞投擲遊戲
COLOUR PENS AND LAUNDRY BASKET

• 方法和準備

家裏的洗衣筐上有很多大的孔洞。我把洗衣筐放到Sula面前，給她演示如何把水筆從孔洞中投進洗衣筐。她被這個挑戰吸引住了。

• 學習和表現

這是一個空間認知的啟蒙遊戲。物品穿越洞眼可以進入另一個物品的「空間」，這可以啟蒙寶寶理解物體之間的空間關係，去主動想像看不到的「面」或「空間」。拿着物體穿越孔洞需要她能夠很好地控制手指，手眼協調。Sula最開始只是直覺地把水筆從上方扔進洗衣筐，當發現筆能夠從孔洞穿入洗衣筐時，她好像發現了新大陸一樣興奮，筆穿過洞眼落在筐裏的聲音也讓她感到有趣。

TIPS

孔洞投擲遊戲還有很多其他的做法，例如在大紙盒上方剪出幾個小洞，側面剪一個大洞，讓寶寶把球從上方小洞塞入盒子，再用手從大洞把球拿出來。

海綿與絨毛條
SPONGE AND PIPE CLEANER

TIPS

可以發揮靈感裝飾這個絨毛條海綿，例如把彩色通心粉穿在絨毛條上，讓寶寶用手去撥弄着玩。

● 方法和準備

我找來一個冬甩狀的海綿，將10根彩色的絨毛條穿過海綿，首尾擰在一起做成「花瓣」，給 Sula 當作玩具。她可以把「花瓣」撥來撥去，也可以改變絨毛條的形狀，做出不同的造型。

● 學習和表現

這是一個給低齡寶寶的「雕塑」遊戲。絨毛條是一種很完美的塑形材料，它很柔軟，容易做成不同形狀，有着毛茸茸的質感和鮮亮的顏色。寶寶最初的「雕塑」嘗試可以用絨毛條來完成。我用環狀海綿把絨毛條連結在一起，是為了讓它們成為一個整體。它很輕，也不容易從手裏掉落，特別適合當作旅行時的玩具。

地面和玻璃窗上的彩色膠帶
TAPES ON FLOOR AND WINDOW

● 方法和準備

我把彩色的紙膠帶貼在地面和玻璃窗上，在膠帶盡頭留出翹起的部分，Sula 喜歡用手把它們一條條地撕下來。

● 學習和表現

這個月齡的寶寶喜歡把一個物品從另一個物品上分離，例如你會看到他喜歡把蓋子從杯子上掀開扔掉，或者把筆帽從彩筆上拔下來。黏貼在地面和玻璃窗上的彩色膠帶會吸引他去「分離」它們，而且撕開膠帶時，黏貼力會給他特殊的體驗。我利用這個遊戲誘導Sula進行身體運動，掀開地面上的膠帶需要她爬、匍匐、拉拽，撕下玻璃窗上的膠帶需要她跪着、坐着，甚至站起來。

TIPS

最好在空曠的場地做這個遊戲，別讓她因為太專心撕膠帶而撞到家具。

浴室裏的拼貼畫
COLLAGE IN BATHROOM

SULA 11個月

TIPS

還可以把這種塑膠紙剪成各種七巧板形狀，寶寶就可以在浴室牆面用它們來拼搭房子了。

● 方法和準備

我把彩色的塑膠紙剪成羽毛的形狀，在 Sula 洗澡時放在浴盆裏。塑膠紙沾水之後可以貼在浴室瓷磚上，Sula 在牆面上擺放這些羽毛，反復地拿下來貼上去，進行她人生的第一次拼貼畫創作。

● 學習和表現

1歲以下的寶寶還不太會使用美術工具，但也有辦法讓他參與到美術創作中來。我常想辦法設計一些又便捷又乾淨的美術遊戲，例如用塑膠紙在浴室的牆面上進行拼貼，讓 Sula 親自參與，這也是拼貼畫的啟蒙遊戲了。塑膠紙可以反復使用，沾水之後在瓷磚上能貼得很牢。我把一片羽毛貼到牆上後，Sula 立刻心領神會，將所有的羽毛都貼了上去，並且反復地擺放它們。

窗簾裏的「躲貓貓」
CURTAIN PEEK A BOO

● 方法和準備

　　這個遊戲是 Sula 的最愛，每次都能逗得她咔咔笑。家裏的窗簾有兩層，Sula 躲在中間，我把窗簾打開、合上、打開、又合上⋯⋯看到媽媽一次次在她眼前消失又出現，她總是開心得笑起來。

● 學習和表現

　　寶寶出生後的前兩年都在認知物體的恒定性，「躲貓貓」遊戲可以讓他意識到：有時看不到某個人或者物品，不代表他們消失了，他們可能仍舊在那裏。在遊戲過程中他一次次地驗證物體恒定的原理，這個發現讓他感到神奇不已。媽媽的臉消失不見，又按照她預料的出現，這讓 Sula 覺得自己對周圍的世界有些許掌控，又充滿驚奇，因此她總是玩得樂此不疲。

TIPS

　　還可以這樣玩：把寶寶放在床中央，用一張床單在寶寶上方當作「降落傘」，爸媽拽着床單的四角緩慢地上下舞動，讓「降落傘」輕柔地蓋住寶寶，又立即掀開，寶寶看到周圍的世界忽然消失又很快出現，也會興奮至極。

一至四塊的拼圖
FOUR PIECE PUZZLE

● **方法和準備**

　　我給她準備了最簡單的木製拼圖，從一兩塊開始到四五塊，拼圖有不同形狀和簡單的圖案。

● **學習和表現**

　　不到1歲的寶寶也可以開始拼圖遊戲了。拼圖對他的心智發展大有好處，是他自己「解決問題」的初始嘗試。遊戲中，寶寶會主動思考圖塊是否符合形狀，這可以訓練他的邏輯思維；拼圖還可以鍛煉他的觀察力、手眼協調、手部精細操作，幫助他增強記憶力、認知形狀和圖形。Sula一開始只會把圖塊從拼圖上拿開，在我示範了幾次如何把圖塊嵌入相應的形狀之後，她心領神會開始鑽研。經過不斷地練習，她逐漸能夠辨別出這些形狀並把它們放在正確的位置。

TIPS

　　給1歲左右寶寶的最佳拼圖是帶有把手的木質拼圖，結實而又方便他的小手拿起來。拼圖的主題很多，可以從形狀開始，到動物、物品、人物、字母和數字等。家長應根據寶寶的能力和專注程度，從三五塊拼圖開始，逐漸增加難度。

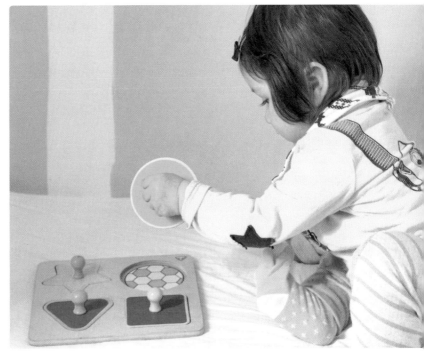

學一套手舞操
HAND DANCE

● 方法和準備

我給Sula設計了一套手舞操,我一邊發出指令一邊和她一起做動作:「拍拍手,拍拍手,揮揮手,揮揮手,恭喜恭喜恭喜,恭喜恭喜恭喜,摸摸頭,摸摸頭,搖搖頭,搖搖頭,扭扭肩,扭扭肩,伸伸手,伸伸手,飛吻,飛吻,擊掌,擊掌!」她對這套動作學得很投入。

● 學習和表現

雖然1歲左右的寶寶還不能像大人那樣自由跳舞,但他早已躍躍欲試想要搖擺身體加入舞蹈中了。教給他一套運動手臂和頭部的手舞操,讓他坐在小椅子上也能跳起舞來。這個遊戲可以幫助他把語言和動作結合起來,學習怎樣根據媽媽的指令做動作,多次重複之後,能夠完成整套動作會給寶寶很大的成就感和滿足感。一開始Sula是聽指令,跟隨我做動作;她逐漸聽懂了每個詞,並記憶了動作之後,我只要說出指令,她就可以把全套動作表演出來。她的這套手舞操帶給家人很多笑聲。

TIPS

可以從三四個指令和動作開始,在熟練之後增加新的內容,逐漸變成一整套手舞操。

PART 2

幼兒篇 1-3歲

感官訓練 +

世間的一切都是通過孩子的感官而進入他的心靈。幫助兒童發展感覺，便是幫助她通過感官整理出對環境的不同印象，發展對世界的認知，並在大腦中構建邏輯和意識。

我為Suki設計了很多感官遊戲，這些感官感覺包括冷熱溫度、軟硬度、色彩色差、聲音聲響、材質材料、形狀體量、身體空間感覺等。在遊戲中我發現她的感官訓練進行得愈多，她能夠辨別的感覺差別就愈微妙，而這些細緻的感覺形成的記憶使她大腦中建立的世界更加具體和完整。遊戲中水、沙、冰、米等天然材質帶給她很多刺激和滿足，自由自在地主動玩耍也讓她感覺到創意的樂趣，並在其中建立自信。除了訓練她的感覺信息和對世界的認知，感官遊戲也能使她身體各部分更協調，性格更開朗自信，潛能得到充分挖掘。

冰格藏寶
ICE CUBE TREASURE

● 方法和準備

　　我使用的是冷凍輔食品用的橡膠格子，這種冰格比較大。我在每個格子裏放一種不同顏色和材質的物品，有紐扣、樹葉、通心粉、米粒、核桃、豆子和做蛋糕剩下的糖珠等。倒入水，放入冰箱裏凍幾個小時，結成冰塊以後把它們倒在塑料桶裏，讓Suki觸摸冰塊並觀察它們慢慢融化的現象。

● 學習和表現

　　15個月的Suki正對自然界的水、沙、泥、冰等不同材質產生濃厚興趣，她會通過觀察、觸摸、傾聽、聞，甚至品嘗的方式去瞭解它們的特質。她驚奇地發現這些冰涼的小方塊裏藏着寶貝，於是翻來覆去地查看它們。她最愛不釋手的是藏有核桃的那一塊。

TIPS

　　這個遊戲要在成人的監督下進行，冰塊最好大一些，防止寶寶吞食小冰塊，冰塊融化後要防止寶寶吞食紐扣等小物件。

藏着寶貝的水袋
BUBBLE BAGS

● 方法和準備

我在3個可封口的塑料袋裏注入了水，加一點油以增強泡泡的效果，其中兩個水袋裏分別注入了紅色和黃色的食用色素，另一個水袋無色。我在水袋裏藏了一些有趣的小物件，把3個水袋用膠帶貼在地面上，讓Sula自由探索。

● 學習和表現

黃色水袋裏藏了木頭的彩色字母和橡皮球，Sula喜歡用手指去按，看它們在水裏滑動的樣子；紅色的水袋不透明，泡泡的效果更明顯，裏面藏着看不見的玻璃珠，她要用手去拍或用腳去踩，才能感覺出裏面藏着甚麼物體；無色的水袋在視覺上更清晰，我藏了木頭字母、橡皮球、彈珠，還有很多亮片，她花了好長時間去按、捏和拍打它們，看這些漂亮的物體在水袋裏不停地變化。

TIPS

寶寶可能會很用力地去拍打水袋，所以封口要封緊，並牢固地黏貼在地面上。

軟硬材質的園林設計師
PLAY DOUGH LANDSCAPE

• 方法和準備

　　1歲多的寶寶還不太會用泥膠塑形，但它仍是學習材質感覺的好教具。我把Sula的泥膠按平鋪在托盤裏，給她兩個小火車，一小碗硬材質（裏面有彈珠、橡皮球、乾通心粉、雪條棍等），她就自動開啟了「園林設計」模式。

• 學習和表現

　　這是一個發展感官感覺、觀察和對比物體材質，同時也練習小手精細操作的遊戲。Sula用小火車在泥膠上壓出軌道，把硬材質插在軟泥膠上，就形成了道路、樹林、山坡、灌木叢等。這個遊戲Sula玩了好久，園林建起來後她很得意。等姐姐Suki來了，遊戲就更高級了，園林一下子變得複雜起來，還加入了公主、王子、蜘蛛怪和長頸鹿，她自言自語講起了打怪獸的故事！

TIPS

　　注意小寶寶玩小物例如彈珠時，一定要有成人監督，以免他把小物放入嘴裏。如果寶寶處於口慾期可能吞食泥膠的話，可以用麵粉與食用色素製作可食用的麵糰「泥膠」。

彩色意粉
COLOUR PASTA

● **方法和準備**

　　將乾硬的通心粉或意粉放入碗中,加入一點製作蛋糕用的食用色素,放一小勺白葡萄酒,在碗中攪勻,曬乾後就可以使用了。

● **學習和表現**

　　堅硬的意粉是很好的感官學前教育材料,可以用它搭配泥膠玩,也可以做成聲音瓶子,或者其他教具,染成彩色的就更能引起寶寶的興趣。Suki喜歡反復地把彩色意粉一顆顆放入瓶子裏再倒出來,或者用瓶子搖出聲音,也喜歡將通心粉穿成項鍊。

TIPS

　　食用色素有液體的和膏狀的。液體色素更容易操作,上色快而均勻;膏狀的色素則可以很快晾乾。注意上色後的意粉要完全晾乾才可以玩,不然會掉色。

藏聲音的蛋殼
SOUND EGGS

● 方法和準備

聲音盒子是蒙特梭利教具裏很獨特的一款：通過傾聽來找出聲音匹配的盒子。我用吃蛋殼朱古力Kinder Eggs時剩下的塑料小蛋殼製作了一套聲音教具。我在每個蛋殼裏藏了不同的材料：鹽、米、豆子、彈珠和橡皮球，其中有兩個蛋殼裏的材料是相同的。在安靜的房間裏，我讓Suki把小蛋殼在耳朵旁邊搖一搖，找出6個蛋殼中聲音相同的兩個。

● 學習和表現

這個遊戲可以訓練耳朵分辨聲音的敏感度。Suki可以很快分辨出它們的不同，邊搖邊大聲說：「不一樣！」但找出同樣的那兩個還是有挺大的挑戰。

TIPS

儘量選擇發出的聲音截然不同的材料，難度不要太高。2歲的寶寶如果覺得很難分辨聲音的話，會很快失去興趣。這個遊戲最好在安靜的環境中進行，可以幫助他專注傾聽。

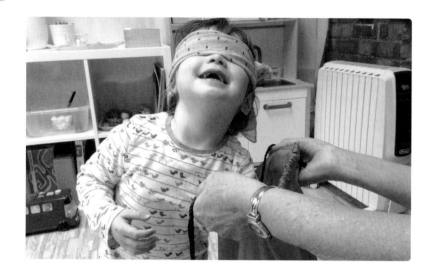

驚喜口袋
SURPRISE BAG

● 方法和準備

我在布口袋裏放入不同的小物件：橡皮鴨子、石頭、彈珠、小硬殼書、襪子、彩筆、玩具汽車、雪球玩具等，我讓Suki蒙眼摸物，猜猜摸到的是甚麼。

● 學習和表現

通過觸覺記憶物體可以刺激寶寶的大腦發育，並幫他把觸覺和視覺的感知聯繫起來。這個遊戲還可以增強手指分辨材質和形狀的敏感度。Suki和嫲嫲玩了好幾輪，她分辨得很快，第一次知道自己不用看見就能分辨出物品時，她感到很得意。

TIPS

有些寶寶在第一次嘗試眼睛被蒙起來的時候會感到害怕，這時大人可以蒙上自己的眼睛和他玩「猜五官」的遊戲，摸寶寶的臉並說出他的五官名稱，他會覺得這樣很有趣。等他對蒙眼睛不抗拒了再玩「驚喜口袋」的遊戲。

粉紅小豬拼圖
PEPPA PIG PUZZLE

● 方法和準備

2歲的寶寶可以開始玩12-50塊的拼圖了。我送給 Suki一盒有9種圖案的她最愛的「粉紅小豬」拼圖。

● 學習和表現

拼圖遊戲是對寶寶的觀察力和圖像識別極好的練習，並且能提高專注力。Suki在2歲以前專心一個遊戲的時間很短，但是近期因為喜歡上拼圖，她時常可以聚精會神地玩一個小時。最開始她要求我拼給她看，逐漸進展到她可以指出每塊拼圖是畫面上哪塊圖案，信心增加了以後，她很快可以獨立完成一小份的拼圖了。

TIPS

給2歲寶寶選擇拼圖時要選擇他喜歡的主題和角色，最好色彩鮮艷。拼圖塊要足夠大，小手可以拿起來。我鼓勵 Suki 從簡單的12塊拼圖開始，重複地玩，直到可以獨立完成，再給她下一個拼圖，難度逐步提高。

色彩配對遊戲
MATCHING COLOUR CARDS

● 方法和準備

　　蒙特梭利的色彩教具很經典也很昂貴，於是我花了一點時間給Suki手工製作了一套。我用24色的彩紙包住撲克牌並黏好當作色彩卡片，再把剪裁剩下的彩紙貼在木夾子上，遊戲時讓Suki把相應顏色的夾子與彩色卡片配對夾在一起。

● 學習和表現

　　這個遊戲可以練習寶寶對色彩的感覺，並識別一些生活中不常見的純色。Suki在遊戲時可以輕易辨別六七種完全不同的顏色，但當非常相似的兩種顏色（例如深淺略微不同的藍色卡片）放在一起時，她就有點困惑了。但正是相似色的對比練習才能夠提升她的色彩敏感度。

TIPS

　　這個遊戲可以由簡至難逐步進行。最開始可以選擇五六張色差大的卡片讓寶寶配對練習，觀察他的能力和進展，逐漸增加卡片到遊戲中。

沙礫盒子
SAND BOX

• 方法和準備

我把塑料盆放在桌子上，把沙子倒入塑料盆中，加幾個模子工具和廚房玩具，Suki就可以在室內玩沙子了。

• 學習和表現

這個年紀的寶寶對於玩水和玩沙不知厭倦，尤其沙子能給他提供感官發展的各種需要，他可以用手體會沙子的質感，也可以用工具練習挖、鏟、扣、插等動作，還可以塑形和玩生活模仿遊戲。當下雨不能去公園沙坑玩時，我看着Suki失望的表情總是覺得遺憾，於是做了一個簡單的沙礫盒子，滿足她玩沙子的需要。

TIPS

沙子是沙坑專用的沙。如果擔心沙子把家裏弄髒，可以在地面鋪上塑料布，遊戲結束用布把碎沙包起來扔掉即可。有些玩具店裏也有賣特製的不掉屑的沙泥，質感處於沙子和泥膠之間，玩起來比較乾淨。

彩色米粒
RICE PLAY

● 方法和準備

我把大米放在兩個大碗裏，將紅和黃兩種食用色素分別滴入碗中，攪拌均勻，晾乾以後彩色米就可以使用了。把米倒在一個大型淺盤裏，Suki可以坐在裏面玩。

● 學習和表現

米是蒙氏遊戲裏常見的道具，是寶寶從嬰兒時期就可以使用的感官遊戲材料，它既安全又有很好的觸感。Suki很喜歡米的質感，也喜歡它灑落的聲音，把米染成彩色則更增加了視覺的趣味。她喜歡玩的米粒遊戲有兩種：一是用沙子工具鏟米，把埋在米粒裏的「小動物」找出來；二是用她的廚房玩具有聲有色地「煮飯仔」倒茶做飯。

TIPS

我一直在尋找可以放在室內、寶寶坐在裏面玩不怕弄髒地板的大型淺盤。我無意中在五金店發現了它(見大圖)，這個淺盤是工地施工混合沙土用的，買來正好給他玩遊戲。

DIY 插圖歌詞本

SONG BOOK

● 方法和準備

　　我把Suki喜歡的歌收集成冊，歌詞配上漂亮的插圖打印出來，一頁一頁裝在活頁文件夾裏，這樣可以隨時把新歌的散頁增加進去，中文歌、英文歌都有，鼓勵她兩種語言並行。

● 學習和表現

　　歌本可以培養寶寶對音樂的熱情，增強樂感，通過重複歌詞學習語言。Suki從1歲開始着迷於聽歌，喜歡的歌重複聽十幾遍也不過癮，還時常跟着音樂哼哼並手舞足蹈。等她大一點，即使很多歌她還不知道詞的意義，就已經可以跟唱起來了。我意識到除了培養樂感以外，唱歌也是特別好的學習語言的方式。為了幫助她記住這些歌並方便地「點歌」，我製作了屬她的歌詞本，1歲時她會翻開歌詞本指出想聽的歌讓媽媽唱，現在她已經可以從頭到尾給妹妹唱每一首歌了。

TIPS

　　歌詞本裏的插圖也很重要，可以幫助寶寶理解歌詞內容，並用圖像記憶這些歌。

姐妹倆的音樂課
MUSIC AND SONGS

● 方法和準備

　　雨天的下午，如果不想玩遊戲的話，我們就在家上音樂課。我從Suki嬰兒時期開始收集了一套兒童樂器：搖鈴、沙錘、手鼓、三角鐵、木琴、口琴、喇叭等，還有一架小小的鋼琴。打開歌詞本，由Suki點歌，我們一邊唱歌一邊打擊樂器和做動作，感受旋律和節奏。

● 學習和表現

　　Suki可以在音樂課中體驗各種樂器發出的聲響，沉浸在歌唱和肢體動作的快樂裹。寶寶們對聲響很敏感，有韻律的敲擊對她們來說就是音樂，這樣的音樂課即使是8個月大的妹妹也會全心投入地參與。Suki唱歌很大聲，她記住了很多與歌詞有關的肢體動作，載歌載舞，還給妹妹示範怎樣使用樂器。

TIPS

　　很多兒歌都可以結合肢體動作，讓寶寶記憶並重複這些動作，形成最初的舞蹈，這些動作可以幫助他理解歌詞裹的內容。

洗手盆裏的冰山海洋
PLAY ICE AND WATER

• 方法和準備

度假時，我手邊沒有遊戲材料，Suki在室內感到無聊時我便給她玩這個不用做準備的簡單小遊戲：在浴室的洗手盆裏放滿水，倒入許多冰塊，再給她一些杯子、湯匙、海綿等工具，她就玩起了冰山與海洋的遊戲。

• 學習和表現

2歲寶寶玩水總是玩不夠，加上質感冰涼滑溜的冰塊更是讓他樂此不疲。水與冰提供了很多感官上的刺激，冰慢慢融化在水中也是值得觀察的有趣現象。即使只是杯子倒水倒冰的動作，Suki也能玩上足足1個小時，每次冰塊化掉了，她都要求爸爸加冰。

TIPS

如果洗手盆太高，就放一張椅子，讓寶寶可以坐下來舒舒服服地玩。有些父母擔心冰太涼，我認為孩子的手是可以承受各種適度的刺激的，不用怕她着涼。

捉迷藏

HIDE AND SEEK

• 方法和準備

我教Suki捉迷藏的遊戲規則：媽媽面對牆壁蒙住眼睛數到十，Suki躲起來不要出聲，媽媽睜開眼睛在房間裏尋找，如果找到她，媽媽就贏了，然後媽媽和Suki對換遊戲角色。

• 學習和表現

捉迷藏是每個孩子都愛的遊戲，2歲的寶寶只要能聽懂規則就可以玩捉迷藏了。遊戲中，寶寶要觀察房間裏的各個角落，思考如何隱藏自己。Suki剛開始玩這個遊戲時，會把自己藏在門後、窗簾後和桌子下面，雖然媽媽都能一目了然，但對她來說卻都是很有成就感的「創意」。她最聰明的創意是藏在旅行箱裏，幾乎要騙過我的眼睛。

TIPS

2歲寶寶玩遊戲時太過興奮，有時會忘記規則，焦急地想要被發現，經常暴露自己。此時，不用強加規則給他，偶爾給個提醒就好。媽媽藏起來時難度不要太高，寶寶幾分鐘找不到就用聲音引導她。遊戲時安全很重要，最好是在家裏或者熟悉的地方，要注意避免可能因為躲藏而產生的危險。

對瓶子裏的小人兒說
SPEAK IN BOTTLES

● **方法和準備**

我收集了一些形狀、高矮、材質都不同的杯子、瓶子和罐子，在每一個容器裏放一個剪紙小角色，讓Suki通過容器口對裏面的小人兒說話，聽自己的聲音在容器裏產生的不同的回聲效果。

● **學習和表現**

這個遊戲可以讓寶寶用耳朵去分辨她的說話聲的變化，感受容器的材質、形狀對回音的影響。Suki把每個容器都試了一遍，選擇了一個回音最顯著、聲音最古怪的瓶子，不停地說起話來，並得意地去找婆婆、公公聽她的變聲效果。

TIPS

平時生活中媽媽可以先實驗不同的瓶子，把變聲效果最顯著的那些保留下來。

+ 身體技能

　　Suki 一直是超級好動的寶寶，從嬰兒時期開始她就等不及地想要抬頭翻身往前爬，並在掌控自己的身體來探索環境的過程中得到巨大的自信和滿足。1歲以後逐漸能走能跑能跳，她就更加活躍了，片刻都閒不下來。因此我讓她每天都有幾個小時的身體活動，條件允許就儘量在室外、在陽光下跑、跳、鑽、爬等，盡情釋放和滋長生命力。活動性的遊戲讓她的性格更加開朗，尤其促進肌肉系統的發育，增強身體體質，提高對外界環境的適應力。

　　如果不得不在室內遊戲時，我會幫助她發展精細的身體動作。身體活動愈精細，就愈能夠激發大腦中富於創造性的區域，促進思維發展。例如通過摺紙、捏泥、穿珠等遊戲訓練她手部小肌肉的控制和協調能力。這些遊戲也對她的專注力有很高的要求，讓她能夠沉浸在一項「工作」中的時間愈來愈長。

篩子與絨毛條
SIEVE AND PIPE CLEANER

• 方法和準備

我把絨毛條立在篩子上，兩頭扭成結，讓Sula把它們拉上去，或者從篩子裏把絨毛條拉下來。下一個階段，可以利用孔洞比較大的篩子，讓她嘗試把絨毛條從孔洞穿進去。

• 學習和表現

遊戲的第一階段可以練習寶寶的空間想像力和解決問題的能力：他會往上拔絨毛條，反復做拉的動作，思考篩子裏面絨毛條的形態，逐漸發現可以用手從篩子的裏面把絨毛條從反方向往下拉。

遊戲的第二階段可以增強寶寶的手眼協調和精細動作技能。1歲左右的寶寶可以用手抓緊物品，甚至用大拇指和食指捏住物件，但他還不能夠做例如穿繩或者穿珠這類對動作精細程度要求很高的遊戲。篩子與絨毛條則是同類練習的簡易版，可以練習手部小肌肉的精細動作。

TIPS

遊戲中可以使用孔眼比較大的篩子，遊戲難度不要太高。

吸管插「碉堡」
STRAWS AND CASTLE

● 方法和準備

聖誕聚會結束後家裏剩下很多彩色吸管，我從廚房找來一個帶孔的容器，讓Suki試着把吸管從孔裏插進去。吸管可以從一端進從另一端出，有很多不同的插放方式，於是「吸管碉堡」出現了。

● 學習和表現

插孔遊戲可以鍛煉寶寶的手眼協調能力。他需要專注地看清小孔，並能夠平穩控制自己的手腕把吸管穿過去。吸管不同的插放形式也可以啟發他的創造力。1歲的Suki手還不那麼穩，但她逐漸找到了插孔的竅門。

TIPS

可以動腦筋利用廚房的帶孔容器，除了這個可濾水的筷子桶，還可以利用洗菜的篩子，只要孔足夠大就可以，插上吸管的造型也各不相同。

穀物脆圈串串穿

CHEERIOS AND SPAGHETTI

- **方法和準備**

  我把吸管豎着插在泥膠上,讓Suki把早餐穀物脆圈一個個地穿到吸管上去。

- **學習和表現**

  遊戲時寶寶要用手指捏着穀物脆圈這樣的小物體,對準吸管的頂部穿進去,因此可以練習手眼協調,也能提升手部小肌肉精細活動的技能。Suki饒有興趣地穿完了所有的穀物脆圈,有幾顆半天穿不進去,她就乾脆放在嘴裏吃掉了。

TIPS

如果擔心1歲的寶寶會吃泥膠,可以用自製的麵糰當作底座。

釘子、鎚子和橡皮筋

HAMMER AND NAILS

● 方法和準備

　　1歲的寶寶開始對工具感興趣，可是爸爸的那些螺釘零件太危險。於是我找來了高爾夫球釘，頭很鈍，非常安全。我又給Suki一個小塑料鎚子，她可以在發泡膠板上練習釘釘子。在Suki 25個月時，我在這個遊戲中加入了橡皮筋，她把球釘錘入發泡膠板後，再把橡皮筋套在釘子上，套出各種不同的形狀，進行簡單的圖案設計。

● 學習和表現

　　使用鎚子和釘子等工具時，寶寶需要用一隻手扶穩釘子，另一隻手用鎚子垂直地敲釘子才不會敲斜。這可以練習他雙手的配合、手腕的力量控制，以及手眼協調。在Suki 25個月時，遊戲中增加了橡皮筋，需要手指的精細控制才能把橡皮筋套在釘子上。不同方式的圈套也是初步的創造力練習。她很喜歡套橡皮筋的過程，專注地玩了很久。

TIPS

　　Suki的小鎚子來自一個叫「小工匠」的玩具套裝，如果找不到這樣的玩具，可以用小木塊製作一個小鎚子，但要保證工具的安全性。

吸管蠟燭和麵糰蛋糕
STRAW BIRTHDAY CAKE

TIPS

麵糰蛋糕的製作竅門在於把麵糰揉得很柔韌，手感就和泥膠很像了。

● 方法和準備

Sula玩泥膠時，有時會把泥糰往嘴裏放，所以我用麵粉和食用色素，給她做了可食用的麵糰「泥膠」。我把麵糰做成蛋糕的形狀，彩色吸管是生日蠟燭，讓Sula把吸管一根根插在蛋糕上。

● 學習和表現

這個遊戲Sula反復進行了好一會，拔出來又插進去。都插好時我唱生日快樂歌，她會一邊拍手一邊搖晃。這是一個鍛煉手眼協調和手指精細運動的遊戲，也可以引導寶寶進行情景的想像。

彩帶舞
RIBBON DANCE

● 方法和準備

　　婆婆來倫敦時帶來一條很長的彩帶，她特意帶Suki去公園裏跳彩帶舞。婆婆拿着有木棍的一端舞起來，讓彩帶在空中飛出龍一樣的造型，Suki拿着「龍的尾巴」，跟着彩帶在草地上飛奔，她們的彩帶舞在公園形成一景。Suki也親自上陣，自己拿起木棍，試着讓彩帶在空中舞成圈。

● 學習和表現

　　彩帶舞的運動量是極大的，需要抬起胳膊用力甩，並且要用足腰和腿的力量才能舞起來。絲帶漂亮的色彩和飛起時在空中形成的弧線造型，讓Suki驚喜連連、大笑不止。這是個愉快的親子遊戲，無論是追彩帶還是舞彩帶，都是淋漓盡致的身體運動。

TIPS

　　婆婆的彩帶是成人用的，Suki舞起來有點難控制，如果有小朋友用的小而短的彩帶則更好。

吸管、剪刀和幼繩
THREADING STRAW

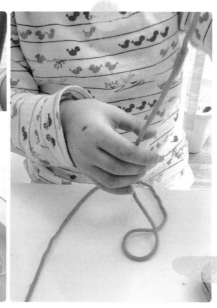

TIPS

剪刀要選擇圓頭的兒童剪刀，操作時需要有大人在場，以免傷到寶寶。幼繩的末端需要有一段是硬的才好穿，可以使用幼鞋帶。

● 方法和準備

我在一個托盤裏準備了吸管、幼繩、兒童剪刀和小碗。Suki用剪刀把吸管剪成小段放在碗裏，然後用幼繩把它們穿起來。

● 學習和表現

2歲的寶寶可以開始學習操作剪刀了，剪刀的使用也是未來上學期間不可缺少的技能之一。使用剪刀和穿幼繩都需要精細地控制手指、手眼協調，並且高度專注。Suki對使用剪刀充滿熱情，尤其喜歡剪斷塑料吸管時脆脆的感覺；但是幼繩穿孔還很有挑戰，她要花不少時間才能穿進一個。

穿珠子
BEADING

● 方法和準備

我在托盤裏準備了一碗帶孔的木製彩色珠子，一根線，線的盡頭連接着一根很鈍的硬針。Suki嘗試着把珠子從硬針穿到線上，給自己做一串彩珠項鍊。

● 學習和表現

穿珠遊戲可以訓練寶寶的雙手配合、手眼協調、手指精細運動和專注力。Suki第一次穿珠時手指拿針拿不穩，需要我幫她拿住硬針，她來穿。但是從第二次開始，她就能夠自己完成穿珠子的整個過程了。

TIPS

在這個月齡，Suki已經不會再把物品放在嘴裏。但如果寶寶仍然處於口慾期，要小心防止她吞食小物件。使用硬針時，家長要在一旁監護，以免扎到寶寶。木製彩色珠子的孔洞最好比較大，以降低穿珠的難度。

畫在地上的迷宮
RUNNING IN MAZE

- **方法和準備**

　　對2歲的寶寶來説轉圈圈是件非常上癮的事。於是我用彩色膠帶在地面上貼出迷宮，Suki可以一邊跟隨迷宮的軌跡奔跑，一邊轉圈圈，規則是雙腳不許踩線。

- **學習和表現**

　　跟隨迷宮的軌跡奔跑，又不能踩線，需要寶寶對身體有很好的控制，不停轉圈的過程中要能夠控制身體平衡。Suki開始初步理解「遊戲規則」：她已經明白要跟隨軌道行走，但還是很難控制不讓雙腳碰到線。一個簡單的遊戲她每天都要玩很長時間，最開心的時候甚至會轉到暈暈的，倒在地上。

沿線剪紙
CUT OUT LINES

● 方法和準備

我用黑色的筆在紙上畫出不同形狀和線條，讓Suki使用兒童剪刀練習沿線剪紙。

● 學習和表現

對27個月的Suki來說，用剪刀剪斷繩子或者在紙上任意地剪已經不是甚麼難事，因此我給她加大了挑戰難度：沿線剪紙。這需要手眼協調、能夠精細地控制手指運動，剪曲線比折線難度更大。Suki在剪紙的同時也學習了形狀。

TIPS

如果一開始難度就很大，寶寶容易氣餒。遊戲可以從一條直線開始練習，隨着月齡增加循序漸進地增大難度。另外，要注意剪刀的安全使用。

草地皮球
PLAY FOOTBALL

• 方法和準備

冬天也需要陽光和新鮮空氣，帶她去草地玩皮球吧。給她的練習有：把球扔向特定的方向，雙手接球；把球踢向特定的方向，用腳攔住踢過來的球；帶球跑。

• 學習和表現

球是寶寶從嬰兒時期起就有特殊感情並且最喜愛的玩具之一，甚至是他最早會說的幾個詞之一。他很多身體技能都在玩球的過程中展開：嬰兒時是看着球滾動而笑，然後試圖用手抓球，會爬了開始追球，力氣大了會想要扔球，有互動願望了會「拿球」和「給球」，會走路了則要踢球。到了2歲，這個最熟悉的玩具繼續開啟她新的身體技能：朝特定的方向扔和踢都是升級的挑戰，也鍛煉他的身體力量和奔跑速度。這個冬天Suki已經可以快速地帶球跑了。

TIPS

2歲的寶寶還不適合玩正規的足球，過於堅硬和沉重。需要為他準備的是一個可扔、拍、踢的小皮球，砸到了也不痛，上面有她喜歡的卡通人物則更好。

氣球火車
BALLOON TRAIN

● 方法和準備

我把氣球吹鼓，用膠帶固定在吸管上，用毛線穿過吸管再固定在房間的兩端，氣球火車就完成了。Suki 拍打氣球，看它在軌道上飛速行駛。

● 學習和表現

小朋友都喜歡氣球，但玩氣球的時候通常撿球比拍球多，氣球也容易爆，會嚇到寶寶。把氣球像火車一樣固定在細線上，即使他用力拍打，氣球也不會落地、不會爆。在這個遊戲裏他可以練習用力拍打和跳起同時拍打，並觀察氣球的運動方式。這是本月齡最受歡迎的遊戲之一，本是給妹妹製作的，但Suki玩得更起勁。

TIPS

可以和寶寶站在房間兩端對打，看氣球火車在軌道上快速滑動。

桌子下的密室
TABLE TENT

TIPS

如果是更厚的布料，還可以在裏面安裝彩燈，以增加「密室」的氣氛。

● 方法和準備

我為家裏的矮桌做了一個有裙擺的桌布，套在矮桌上，就成了寶寶的「密室」。為了看起來正式一點，我給布匹縫上了一圈花邊。「入口」的兩塊布我處理成了弧形，更有大門的感覺。

● 學習和表現

以前我們給Suki買過一個寬敞的帳篷，可她不是很喜歡。後來發現她有個像貓似的特性：喜歡狹小的空間，愈是身體鑽不進去的地方她愈要往裏鑽，尤其是床底下、紙箱子裏、衣櫃裏和桌子下面。於是我設計了「桌子下的密室」，讓她想要玩「躲貓貓」時立刻就可以蜷縮起身子消失不見。對Suki來說，「密室」也幫助她探索自己的身體與空間的關係。當Suki發現了桌底下的密室，貓性大起，立即躲進裏面去了。當然她也喜歡突然蹦出來嚇全世界一跳。

穿越「紅外線」
SAVE THE BUNNY

● 方法和準備

　　模仿電影裏的紅外線警報，我用彩色膠帶在狹窄的陽台上貼出重重障礙，玩偶兔子在陽台盡頭，Suki得小心穿越所有的「紅外線」並且救出兔子，如果膠帶斷了「警報」就要響了哦。

● 學習和表現

　　2歲寶寶熱愛身體挑戰，能夠用自己的身體攻克難關會讓他特別驕傲。在這個簡單的小遊戲裏他要協調身體的各部分：抬腿、低頭、彎腰、跨越，還要動作輕盈小心翼翼，不能觸到「紅外線」。Suki太喜歡這個遊戲了，救出了兔子以後她把所有的「小夥伴」都放入陽台盡頭，一個個把它們救出來。

TIPS

　　遊戲的難度可以用膠帶的材料來控制。如果用很結實的塑料膠帶就不容易斷，寶寶更容易完成遊戲。如果要增加難度，可以用容易斷裂的紙質膠帶，那就要考驗他能否輕盈地控制自己的身體了。

彈床
TRAMPOLINE

● 方法和準備

　　Suki 太喜歡彈床遊戲，一旦開始跳，一個小時也拉不走她。我們乾脆在自家花園裏放置了一個彈床，每天她都可以過癮地彈跳，運動到大汗淋漓。和好朋友一起彈床更帶勁，他們叫笑聲不止，可以在彈跳中度過一下午的歡樂時光。

● 學習和表現

　　寶寶天性喜愛蹦跳，彈床是充滿刺激和趣味的娛樂鍛煉。它是軟着陸，有護網不易受傷，是難得的適合幼兒的安全運動形式，可以增進寶寶的平衡性、身體協調性、靈活性以及反應能力。Suki 一開始只是往高處彈跳，很快開始捉摸各種刺激的摔倒形式和在半空中轉身的形式，彈床遊戲有很大的技術提升空間，她可以玩很多年也不會厭倦。

TIPS

　　選擇彈床要檢查其安全性。我們選擇了側面呈弧線的彈床，給她更大的活動空間。

滾草坡
ROLLING DOWN THE HILL

● 方法和準備

在夏天的公園裏,尋找一個柔軟的草坡,讓寶寶放鬆身體、伸直軀幹,從草坡上翻滾下來,天旋地轉,這是最刺激的遊戲。

● 學習和表現

滾草坡是陽光下公園裏最讓 Suki 開心的遊戲之一。在翻滾的過程中,她要感受和控制自己身體的協調,在一次次的嘗試中尋找愈滾愈快的方法,她的膽量也因此提升了。

TIPS

兩個小夥伴一起翻滾比賽更有趣。要留意草坡應足夠乾淨柔軟,沒有樹枝、碎石等會傷到寶寶的物品。

數學與秩序 +

　　學習形狀、數字、分類、體量和排序，不僅是為了把寶寶領入數學的世界，更重要的是讓他識別事物中的規律，訓練邏輯思維能力，這是智力發展的重要部分之一。然而對幼兒來說，數學的概念非常抽象，如何才能讓他真實地感受到數學和秩序的存在呢？我用生活中常見的材料和場景設計出數學的遊戲，讓寶寶理解數字和規律無處不在，並和生活息息相關。在遊戲的過程中，他需要動手操作、體驗和領悟，自己去摸索答案。因為有了這些生動、有趣、形象的材料和場景，寶寶才不會覺得學習數學是件困難枯燥的事，並且在他遊戲的同時，將數學規律潛藏其中。

形狀分揀遊戲
SHAPE SORTER

● 方法和準備

Sula 從 10 個月開始，最喜歡的遊戲就是將積木通過相同形狀的孔洞插入桶裏。所以我給她找來一桶積木，她可以用積木進行搭建，也可以通過桶蓋上的孔洞進行形狀分揀遊戲。

● 學習和表現

Sula 會拿起形狀積木對着孔洞逐個嘗試，插對了會得意地拍手。圓柱體當然是完成最快、準確率最高的，其他的形狀則需要她更仔細地觀察並轉動手腕才能插得準確。她在這個遊戲中學習形狀、分類，練習放入和拿出物體，訓練手腕的靈活性。她在反復的遊戲過程中得到了更多自信心和滿足感。

TIPS

最簡單的形狀分揀玩具是圓形、方形、三角形這 3 種形狀的分揀，可以從簡易的遊戲開始，逐步增加難度。

水果配對
MATCHING FRUITS

TIPS

可以在寶寶把水果拼合好的同時，給他讀水果的名稱，幫助他學習詞彙。

● 方法和準備

家裏有一套「水果切切樂」玩具，我用來讓Sula嘗試水果配對，我把它們全都分成兩半，擺放在她面前。

● 學習和表現

Sula需要仔細觀察這些水果的不同形狀，找出相似的兩半，並把它們以正確的方向拼合起來。在這個過程中，她要觀察形狀、瞭解對稱的形式、嘗試獨立解決問題，拼合或拔開的過程也練習她的手指和手腕的動作。她完成得不錯，已經能夠在許多水果中找到對稱的另一半了。

誰的蓋子在哪兒

BOTTLES AND LIDS

• 方法和準備

　　Suki 和 Sula 在這個年齡段都有「蓋蓋子強迫症」，她們倆都是這個遊戲的忠實玩家。我收集了一些有蓋子的空瓶子或空盒子，它們樣式全都不同，蓋蓋的方式也不同。我把它們放在托盤或鞋盒裏，讓寶寶給容器尋找匹配的蓋子。

• 學習和表現

　　很多媽媽發現，寶寶到了1歲左右，會突然進入「瓶子和蓋子」的敏感期，他們執意要打開或者蓋上所有帶蓋子的容器。這個遊戲便是為了幫寶寶度過這個敏感期，用安全的空瓶子和空盒子，讓他們盡情地做匹配遊戲。在給容器找蓋子的過程中，他們要觀察容器的形狀和尺寸，研究誰和誰匹配，練習蓋蓋子，自己來探索和解決問題。

TIPS

　　儘量提供大小形式各異、寶寶不易混淆的容器。不提供藥瓶，不鼓勵寶寶打開藥瓶。

安靜書：小豬錢罌和錢包
QUIET BOOK: MANAGING MONEY MATTERS

● 方法和準備

　　「安靜書」是用棉布和毛毯布做成的，顧名思義，玩起來很安靜，輕巧又適合旅行。在這個遊戲裏，粉色「錢罌小豬」直接縫在背景布上，右側「硬幣盒」裏藏着10個毛毯布「硬幣」，Suki可以把這些「硬幣」取出來，從「小豬」上方的開口塞進去，再打開下方的拉鍊取出來。「錢包」裏藏着6個毛毯布做的形狀卡片。她想吃零食的時候，我就讓她找出正確形狀的卡片向媽媽「買」零食。此外，錢包還可以取下來單獨使用。

● 學習和表現

　　1歲多的Suki對錢包有着濃厚的興趣，喜歡搶過我的錢包把裏面的卡片和紙幣一張張拿出來，再塞回去。她也喜歡在地上撿硬幣並收集起來，懵懵懂懂地開始明白可以用硬幣交換東西。硬幣對1歲寶寶來說有潛在的吞咽危險，為了滿足她的「金錢慾」，我給她做了這套安靜書。她可以重複「放進去」和「拿出來」這兩個玩不厭的整理動作，開關拉鎖也是她正上癮的操作。那段時間，Suki走到哪裏都會帶着她的「錢包」。

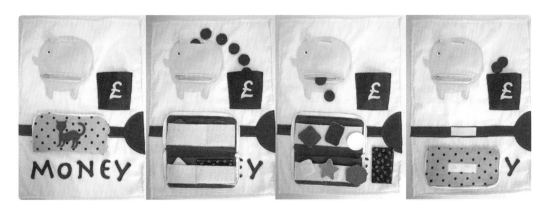

湯匙和豆子
SPOON AND BEANS

● 方法和準備

在托盤裏放置一個盛有紅白混合豆子的小碗、一個空碗和一支湯匙。遊戲一：用手撿豆子，把白豆和紅豆分開，分別放在兩個碗中；遊戲二：用湯匙把豆子從一個碗「運輸」到另一個碗中。

● 學習和表現

遊戲一是一個簡單的分類練習，將豆子以白色和紅色分類。遊戲二是一個運輸訓練，練習湯匙的使用，增強手腕的控制能力。Suki 對湯匙充滿了熱情，一直沉浸在運輸遊戲中。

TIPS

遊戲用的是未浸泡的硬豆，它們可以保存很久，也可以重複使用。如果寶寶處於口慾期，大人要陪同寶寶玩這個遊戲，以防吞咽豆子。

用豆子描繪圖案
BEANS TRACING SHAPES

● **方法和準備**

我在托盤裏準備了一碗豆子，在幾張紙上畫出形狀和線條，讓Suki沿線擺放豆子。

● **學習和表現**

我一直在尋找能夠讓Suki記憶形狀和圖案的不同方法。將豆子沿線擺放，把對形狀的記憶練習藏在了遊戲裏，同時也培養她的耐心和專注力，練習手眼協調。這是個簡單的小遊戲，但Suki玩得很用心。

TIPS

如果寶寶處於口慾期，家長要陪同遊戲，防止他吞咽豆子。

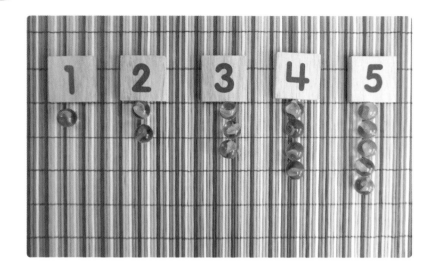

彈珠數數
COUNTING WITH MARBLES

● **方法和準備**

　　Suki近期很迷戀彈珠，我乾脆用彈珠來做數數的學前教育材料。在墊子上擺好1-5的數字牌，讓她將相應數目的彈珠擺放在下面。

● **學習和表現**

　　2歲的寶寶已經可以辨識數字，但在紙面上數數對他來說太過抽象，所以最好用實物來啟發，利用他感興趣的物件更會加深記憶。我會根據他不同時期喜歡的事物，隨時隨地進行數字的教學，不強迫她理解和掌握，有興趣就是很好的引導。例如有時是彈珠、有時是積木、有時是玩具小車、有時是小石子。她現在可以數到三，四以後就有點混亂了。

TIPS

　　如果寶寶處於口慾期，要防止吞咽彈珠。這個遊戲可以用任何安全的物品代替。建議準備一套數字板或者數字卡片，這樣就可以隨時進行數數的練習了。

色彩分類
COLOUR SORTING

● 方法和準備

在托盤裏擺好4種不同顏色的杯子蛋糕模子，還有一碗有4種顏色的小木圈。我讓Suki把彩色小木圈分類，放入相應顏色的模子裏去。

● 學習和表現

蒙特梭利的教學裏有很多分類的遊戲，分類是寶寶觀察事物、認知事物的不同並建立秩序系統的啟蒙方法之一。色彩分類可以幫助他熟悉色彩的名稱，進行色彩配對，並自發地進行色彩整理。這個遊戲裏的「色彩辨識」對Suki來說很容易，她更感興趣的是分類這個行為。

TIPS

分類遊戲還有很多，可以隨時利用生活中的材料，例如用通心粉進行形狀分類，將餐具進行功能分類等。

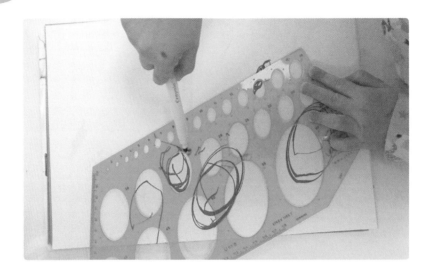

幾何繪圖模板
SHAPE STENCILS

● 方法和準備

給寶寶準備紙筆和幾何繪圖模板,讓他利用模板來畫形狀。

● 學習和表現

寶寶對形狀的辨識練習不僅可以依靠視覺,另外有效的方法是用手觸摸形狀邊緣產生肌肉記憶。幾何繪圖模板就是一種方便快捷的形狀記憶教材。2歲的Suki繪畫時畫出的通常是任意雜亂的線條,因此她會因為用模板畫出有規則的圖形而產生成就感,也在描繪的同時記憶了形狀,她甚至可以開始利用大小不同的模板進行創作了。

TIPS

這個遊戲裏Suki使用的是橢圓模板,其他幾何繪圖模板也很容易在文具店裏找到。

立體積木拼圖
WOOD BLOCK PUZZLE

● **方法和準備**

　　我從Suki平時常玩的積木裏收集了一些形狀不同的木塊放在托盤裏，在紙面上畫出幾組不同的立體積木的組合方式，讓她用積木拼圖，把相應的積木放到紙面上的輪廓裏。

● **學習和表現**

　　2歲的寶寶已經很熟悉各種形狀了，他可以「升級」進行三維形狀的學習。這個遊戲把三維學習隱藏在拼圖遊戲裏，他需要仔細觀察每塊積木，不僅要選擇正確的積木，還要選擇正確的面才能對應紙面的輪廓。這個遊戲讓他瞭解立體積木的不同面可以是不同形狀。Suki非常喜歡這個挑戰，專注了很久，完成得很不錯。

TIPS

　　在繪製拼圖輪廓時，要注意選擇立體積木有特色的面，而不是容易與其他積木混淆的面。

幾何橡皮筋板
GEOBOARD

• 方法和準備

在以往的遊戲中，我發現 Suki 對球釘和橡皮筋的組合很感興趣，於是給她做了個複雜一點的幾何板。我找到一個厚實的硬紙盒，把20個彩色圖釘等距釘在上面，讓她用橡皮筋在幾何板上套出三角形、正方形、矩形、菱形等形狀。

• 學習和表現

這個遊戲讓 Suki 初步理解了點、線、面的關係，例如三角形是用3個圖釘套出來的，而4個正對的圖釘可以套出正方形，讓她自己思考如何「創造」出這些形狀。套橡皮筋的過程也練習了手部肌肉的精細操作。這個遊戲能培養寶寶的專注力。

TIPS

爸爸看到了教具，擔心圖釘不安全，於是我在網上搜索了一下，還真買到了現成的幾何板，英文是 Geoboard。購買時要注意板上的「釘」要夠高，以免橡皮筋滑落。

數字聖誕樹拼圖
NUMBER X'MAS TREE

● 方法和準備

聖誕節快到了，我和Suki進行了很多聖誕主題的遊戲。我用綠色的紙剪出聖誕樹的形狀，裁成條狀並按大小編號，再加一個紅色的小絨球當作裝飾。我把它們放在托盤裏，讓她進行聖誕樹的拼圖。

● 學習和表現

在這個遊戲中，Suki可以根據數字排列拼圖，也可以根據紙條的大小長短拼圖，練習的是數字和大小的辨識。與節日呼應會激發她參與遊戲的興趣。

TIPS

如果用硬紙板來製作拼圖手感會更好。

迷你立柱
CYLINDER GAME

● 方法和準備

這是一套迷你版的蒙特梭利立柱教具。圓柱體有4組：相同高度直徑遞減，相同直徑高度遞減，直徑遞減高度遞減，以及直徑遞減高度遞升。我讓Suki觀察這些立柱，把它們放入相應的模具裏面。

● 學習和表現

這是一套學習三維體量的經典教具，可以提升寶寶對三維維度的感覺，理解高矮和大小。教具的優點在於「自我糾錯」，不用大人提醒他就可以知道自己是否放錯了。這套教具對Suki過於簡單了一點，她不到2歲時第一次玩就很快完成了，但她還是很喜歡重複練習，加快完成速度，增強解決問題的信心。

TIPS

蒙特梭利的很多木製教具體積很大，是為幼兒園教學定製的。我會尋找一些迷你版，更適合家庭環境使用。

襪子配對
MATCHING SOCKS

• 方法和準備

收衣服的時候，我經常會把襪子留在筐裏，讓Suki把所有襪子擺在地毯上，再進行襪子配對，並把襪子分類成爸爸的、媽媽的、Suki的和妹妹的。

• 學習和表現

這是一個分類與生活實踐結合的遊戲，讓寶寶觀察襪子的樣式給它們配對，把相同的襪子捲在一起，並記憶物品的歸屬。這個月齡的寶寶很在意物品「是誰的」，他覺得「歸屬性」神聖不可侵犯，即使整理「誰的襪子屬誰」這樣簡單的事情也會帶給她秩序感。Suki也發現了神秘的「襪子法則」，襪子們竟會奇異地消失，只剩下單隻，這一點讓完美主義的她很介意！

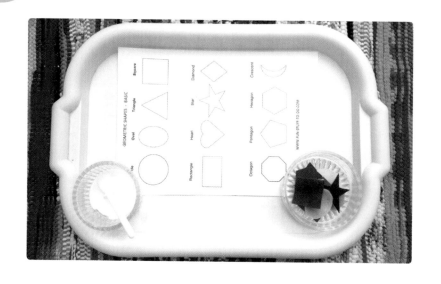

形狀拼圖
FELT SHAPE PUZZLE

• 方法和準備

　　打印出兩張有形狀輪廓的紙樣，用其中一張當底板，另一張當作模板，用毛毯布把所有形狀剪出來，放在一個小碗裏。托盤裏準備了膠水，我讓Suki把形狀相應的毛毯黏貼到底板的輪廓中去，並幫助她記憶每個形狀的名稱。

• 學習和表現

　　2歲的寶寶很喜歡使用膠水，這個遊戲可以讓他練習用膠水來進行黏貼，並利用這個興趣來學習形狀。Suki已經很熟悉常見的那些形狀，但是五邊形、六邊形、八邊形和月牙形都是新的、要記憶的形狀和詞彙。

TIPS

　　我使用的是專門的兒童手工膠水，擠出一些在小碗裏，並提供一個塗膠水用的小棍，她就可以很方便地操作了。

數字紙盤
COUNTING PLATE

● 方法和準備

我在文具店裏發現了這套有數字的小夾子，利用它們來製作數學教具。家裏開完派對之後，我收集了剩下的紙盤，用畫筆將其分成幾區，將不同數量的彩色圓點黏貼在小區裏。我讓 Suki 數圓點，找到對應的數字夾子夾到盤子對應的位置上。

● 學習和表現

這是一個利用生活用品練習數數的遊戲，遊戲的形式愈多樣愈能幫助寶寶理解和記憶數字關係。Suki 表現得還不錯，但到了數字 6 和 7 就有點數不清了。

TIPS

如果沒有數字夾子，在普通的曬衣夾上黏貼數字即可使用。

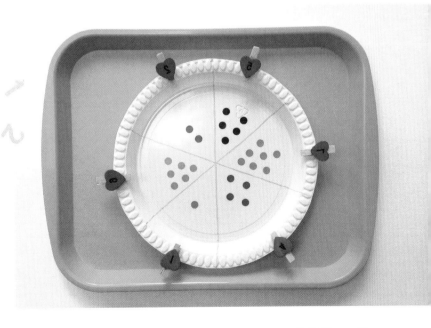

七巧板拼圖
PUZZLE SEVEN

• 方法和準備

我在慈善舊貨店找到了這個木製七巧板拼圖，Suki看到後很有興趣，躍躍欲試。拼圖時需要把七塊形狀拼到一個正方形裏，看似簡單，但對於2歲多的Suki其實還是很具挑戰性的。

• 學習和表現

Suki非常喜歡拼圖遊戲，因此我會把各種學前教育遊戲放到拼圖中。畫面類的拼圖可以訓練視覺觀察能力，而這種七巧板拼圖啟蒙的是幾何關係，讓她觀察形狀之間的組合關係。這個拼圖難度挺高，她拼了幾塊之後就求媽媽幫忙了，估計要拼很多次才能掌握。

TIPS

家裏有很多這種散塊的木製拼圖，我發現它們在收納上是個難題，拼塊很容易遺失。於是我把每個拼圖都放在可封口的塑料袋裏，就可以很好地收納和保存了。

數數教具
COUNTING GAME

● 方法和準備

這是一個比之前的數字遊戲複雜一些的數學教具，豐富的設計裏面有好幾層數字和排序的練習：小木棍由短到長排列插在木板上；小木圈套在小木棍上用來數數；數字放在相對應的圈圈下面；再找到與數字對應的圓點木塊。也可以從數字排序或者圓點木塊任意一層開始玩這個教具。

● 學習和表現

這個木製的數數教具Suki很喜歡，經常主動拿出來玩，目前她最感興趣的是套圈圈和尋找數字。這個教具的多層難度使她還不能夠一下子就完全掌握，因此在之後的一兩年都可以用這個教具來練習。

TIPS

我時常用這個教具裏的數字木塊結合家裏的生活用品創造數字遊戲（如 P99「色彩分類」遊戲）。

穿珠子數數
COUNTING BEADS

● **方法和準備**

　　我用泥膠做底座，每個底座配一個數字板並插上一根木籤。準備一些帶孔的木製珠子，讓Suki在木籤上穿上與數字板相應數目的珠子。

● **學習和表現**

　　這個月齡的寶寶很喜歡穿孔這個動作，他在穿珠子的趣味中同時練習了數數。

TIPS

　　如果擔心木籤不夠安全，可以用乾意粉來代替。要注意珠子的孔夠大才比較好穿。

科學與自然

與其把外部世界裝在盒裏、印在紙上展現在孩子面前，不如帶他到天地間讓他親自探索這個世界原本的模樣。孩子天生就是觀察家，在全身心沉浸於自然的過程中，他會明白自己就是自然的一部分，宇宙的一部分；天地間所有的事物都緊密相連，他的自我意識也需在對自然和他人他物的尊重中成長。一有機會，我就帶兩姐妹到室外去觸摸、聆聽和觀察自然，在學習植物、動物、環境的同時，感受內心與自然連接時的平靜力量。

對於科學的學習，我們會實施各種有趣的小實驗，讓 Suki 來親自動手操作觀察這些「魔術」。她也許還不能領會深奧的科學理論，但熟悉這些有趣的現象會加深她的記憶，在未來的理論學習中她也許能夠瞬間回想起童年的體驗。

我希望這些自然與科學的觀察和實驗，啟發她不斷尋找生命的真相，並對萬事萬物的秘密保持高度的好奇心。

吹出泡泡山
BUBBLE MOUNTAIN

- **方法和準備**

　　我準備好一盆肥皂水，教 Suki 用打蛋器打出泡泡。然後爸爸用吸管在泡泡裏吹，層層疊疊的泡泡山就出現了。

- **學習和表現**

　　吹泡泡是寶寶們百玩不厭的遊戲。泡泡山看起來很壯觀，吸管插入泡泡可以把泡泡吹大，疊在一起的泡泡具有奇特的結構。Suki 很喜歡用手把肥皂泡戳破的感覺，或者把泡泡捧在手裏在眼前仔細觀察。看到複雜的泡泡山出現，Suki 一直在驚喜地喊「Wow」。

TIPS

　　吹這個動作，寶寶需要好一段時間才能掌握。在他還不會吹吸管的時候，可以讓爸爸來操作，以防寶寶吸入肥皂水。等寶寶再大一些就可以自己來吹泡泡山了。如果怕把家裏弄濕，可以準備一張塑料防水墊鋪在地板上。

穿隧道

BALLS AND TUNNELS

TIPS

當試「隧道」的不同擺放形式，當絨球穿越多個隧道才落地，會更令寶寶驚訝。

● 方法和準備

家裏的保鮮膜、衛生紙、廚房紙或包裝紙用完了，裏面的硬紙筒不要扔，簡單包裝一下固定在牆上或者家具上，就成了隧道。再準備一些彩色的小絨球，讓寶寶玩小球穿隧道的遊戲。這個遊戲不髒不亂，不用準備太多工具，而且玩起來一點聲音也沒有。

● 學習和表現

1歲的寶寶正在學習事物的恒定性：有時看不見某件物品，並不代表物品消失了，它仍然存在於那裏。因此Suki很喜歡看絨球從隧道的一頭進入，消失不見，但忽然又從另一頭出來。這個遊戲讓她新奇了很久。

洗衣夾空中纜車
PEG BASKET CABEL CAR

● 方法和準備

我在房間裏掛上一根洗衣繩，一邊高一邊低；找來一個裝洗衣夾的小籃子，用彩紙簡單裝飾下就成了「空中纜車」。小籃子順着繩子從高處滑下來時產生了令Suki大吃一驚的速度。Suki花了好長時間研究到底發生了甚麼事情，她喜歡把小纜車順着繩索軌道前後推。玩幾次「空中纜車」後，還可以讓寶寶練習用洗衣夾夾襪子。

● 學習和表現

這個遊戲利用的都是家裏現成的物品，卻也能夠給寶寶瞬間帶來興奮感，「纜車」飛快地從高處滑向低處，讓寶寶觀察高低差產生加速度的現象。使用洗衣夾可以練習寶寶手指的力量和精細運動。

TIPS

把纜車騰空，讓寶寶最喜歡的玩偶「坐」在裏面，就更有趣了。也可以讓他把洋娃娃和毛絨玩偶的小衣服夾在晾衣繩上，做一個生活模擬的煮飯仔遊戲。

滑坡賽車
CAR RACE ON SLOPE

● 方法和準備

家裏裝修時剩下了一塊表面平滑的海綿板，被我回收來當作「滑坡」，一端架在沙發上，讓Suki看看玩具小車在「滑坡」上跑得多快；用兩輛小車就可以賽車了。海綿板還可以在家具之間架起來，讓小車駛過「高架橋」。

● 學習和表現

每個寶寶都會有幾輛小車子，架一個「滑坡」就可以讓她觀察傾斜面讓小車產生加速度的現象。這大概是最簡單直接的遊戲，但依舊讓Suki開心得大笑。

TIPS

在選擇「滑坡」材料時不要用太重的板子，以免從家具上掉下來砸到寶寶。

家庭植物研究
GARDEN NATURE STUDY

● 方法和準備

　　家庭植物研究可以分為室外和室內植物研究。和寶寶一起在室外花園裏觀察，讓他選擇自己好奇的形態各異的植物，用剪刀採集下來放在托盤裏，回到房間用放大鏡觀察細節，教他「樹皮」、「楓葉」、「玫瑰」等植物的名稱。

　　進行室內自然研究時，我和Suki一起製作了一個「瓶中花園」，我在透明的容器裏一層層地鋪上土壤、煤炭、乾苔蘚、青苔、植被和裝飾用的水晶及石子，給她講述迷你的自然生態系統是如何工作的，讓她熟悉相關的詞彙。

● 學習和表現

　　孩子生活在城市中，被人工環境包圍，我希望能多創造機會讓Suki接觸自然和瞭解自然，培養她對大自然的情感，讓她懂得觀察和愛護植物，且在這個過程中也可以學習很多詞彙。

TIPS

　　給寶寶準備一個放大鏡隨時觀察家中的植物。

羽毛研究
FEATHER STUDY

- **方法和準備**

   我們在公園散步時採集到了一些羽毛，回家擦拭乾淨並消毒，放在托盤裏讓Suki觀察和撫摸。

- **學習和表現**

   我們出門散步時常會帶一個布口袋，收集一些生活中不常見的天然物件，讓Suki有機會仔細觀察。我讓Suki比較羽毛的形態，觀察每一片羽毛的不同；觸摸羽毛，記憶這些觸感。她最喜歡的是柔軟的白色絨毛。

TIPS

   從室外撿來的天然物件要注意清潔消毒，尤其要防止寶寶放入嘴裏。我的清潔方法是用清水洗淨，用酒精噴霧消毒，擦拭後在陽光下曬乾。

冬季插花
FLOWER ARRANGEMENT

● 方法和準備

在英國，每年黃水仙都是最早開的花，它燦爛的鮮黃色把寒冷的一月都映亮了。即使是冬天，Suki 也可以插花了。我在托盤上放了兩個花瓶、一個裝滿水的量杯和一束黃水仙，讓她用量杯把水倒進兩個花瓶後，再把水仙分別插放好，然後用放大鏡觀察黃色的花蕾和花瓣。

● 學習和表現

用量杯把水倒入小口花瓶是需要一些手腕的力量和傾倒技術的，2歲的寶寶很喜歡練習倒水的動作。插花也是一個有趣的過程，瓶口愈小，Suki 愈有興趣。插好花以後可以提醒她每天觀察花蕾綻開成花朵和花朵逐漸枯萎的自然生態過程。

TIPS

黃水仙的球莖有一定毒性，花和莖沒有毒，因此插花前要把球莖處理乾淨，同時遊戲過程中也要留意寶寶不要食用以防過敏。如果用其他種類的花，插花前也要檢查花的安全性。

太陽系拼圖
SOLAR SYSTEM PUZZLE

- **方法和準備**

    Suki 的爸爸是宇宙迷，經常給她灌輸天文知識，2歲的她時常念叨：「我是宇航員，我來自地球，我要去火星。」她很喜歡拼圖，送給她這個太陽系拼圖，她一邊拼一邊記住了不同行星的形態特徵。

- **學習和表現**

    拼圖是很好的視覺觀察訓練材料，太陽系的主題可以讓Suki學習天文知識。她目前可以熟練地識別出地球、火星、土星、太陽和月球。

TIPS

如果寶寶處於視覺敏感期，並着迷於拼圖，把不同內容的知識藏在拼圖中是個「一箭雙雕」的學前教育方法，例如數字拼圖、字母拼圖、動植物知識拼圖等。

觀察微型蜘蛛
OBSERVING A LITTLE SPIDER

● 方法和準備

這天下午Suki驚喜地在自己的盆栽蘆薈上發現一隻微型蜘蛛，於是我乾脆給她一個放大鏡，讓她好好觀察一番。她看着小蜘蛛在葉子之間蕩來蕩去，努力結網。

● 學習和表現

我讓Suki多觀察生物，看看自然中的小蜘蛛是如何織網的。觀察的同時和她一起回憶繪本《很忙很忙的蜘蛛》(The Very Busy Spider)裏的句子，一起唱兒歌《小小蜘蛛》(Incy Wincy Spider)。Suki觀察了半個小時，小蜘蛛的一舉一動都牽動着她的心。

TIPS

對於自然界中的生物，我們儘量傳遞給孩子一視同仁的態度，不讓大人對動物的喜惡影響孩子，無論是毛毛蟲、蜘蛛、蒼蠅、螞蟻，還是鳥、魚、貓、狗，都可以去瞭解和觀察，去講牠們的故事、唱牠們的歌。

Suki 32 個月時與蛇的親密接觸。

磁鐵棒和鐵砂盤
MAGNETIC SAND

● 方法和準備

在托盤中準備兩根磁鐵棒和一個鐵砂盤，讓她實驗兩根磁鐵棒的相斥和相吸作用，觀察磁鐵棒如何在鐵砂盤上吸引鐵砂。

● 學習和表現

寶寶都喜歡磁鐵，磁鐵兩極的相吸和相斥讓她覺得神奇。再配置一個鐵砂盤，可以幫助2歲寶寶熟悉磁場的物理現象，觀察磁力線分布的形態。

TIPS

最好提供鐵砂盤而不是散落的鐵砂，以防寶寶吞咽。

紙尿褲栽培植物
NAPPIES FOR PLANTS

● 方法和準備

　　我讓Suki進行了這個有趣的實驗：把量杯裏的水倒在乾淨的紙尿褲裏，再用兒童剪刀剪開紙尿褲，用湯匙把裏面的「雪花」放入花盆，再給植物澆水，看這些「雪花」像海綿一樣吸收水分。

● 學習和表現

　　這裏有個小竅門：閒置的乾淨紙尿褲可以用來栽培植物。將紙尿褲剪開，裏面的細碎「雪花」是一種吸水力極強的膠體，把它們放在土壤表面，可以讓土壤長時間地保持濕潤。這一系列操作中Suki要學習使用量杯倒水、使用剪刀和湯匙，學習植物護理。

TIPS

　　紙尿褲裏的膠體比較黏，不能吞食，操作之後要讓寶寶洗手。

迷你全像投影
HOLOGRAM ON IPHONE

● 方法和準備

　　這是我們近期做的最有趣的科學小實驗，用手機就可以製造出「全像投影」，這令Suki驚嘆不已。先用尺子和筆在紙上畫出上底1厘米、下底6厘米、高3.5厘米的梯形，用CD塑料殼刻出4個這樣的梯形，刻好後將4個梯形的四邊用透明膠帶黏貼好，然後在網上找到「hologram ready」的視頻進行播放，再將梯形體塊放在手機屏幕中央。在暗光的環境裏，「全像影像」就出現了。雖然這並不是真的三維全像投影，只是二維動畫通過4個鏡面反射的效果，但懸浮於空氣中的影像足以讓寶寶驚奇了。

● 學習和表現

　　這是一個利用二維鏡像模擬全像投影的小魔術，我和Suki都被「靈魂出竅」飄離手機的水母迷住了。

TIPS

　　刻CD盒有點難度，需要按住尺子，耐心地多次劃刻才能切割得整齊。

尋找自然中的顏色
MATCHING COLOURS IN NATURE

● 方法和準備

　　為了鼓勵Suki多觀察自然，我給她設計了一個「在自然中尋找顏色」的遊戲。托盤裏面準備了7張彩色卡片，讓Suki去公園裏找到自然中與卡片顏色相符的物件，並收集在托盤裏。

● 學習和表現

　　寶寶可以在這個遊戲中觀察自然，學習顏色，熟悉詞彙。Suki在公園裏遇到了好朋友，兩個小姑娘一起拿着卡片興高采烈地奔跑尋找，找到了花、樹皮、石子、葉子、羽毛等。Suki把物品放在托盤裏拿回家，用放大鏡觀察，記憶這些顏色的名稱和自然事物的名稱。

TIPS

　　2歲的寶寶還不太懂得分辨公園裏的事物哪些是自然的、哪些是人造的，Suki拿着綠色卡片時首先就叫嚷着朝綠色鐵皮的電線箱跑過去了。這個遊戲可以重複地玩，很快她就會明白哪些色彩來自天然。

氣球噴泉實驗
WATER BALLOON FOUNTAIN

● 方法和準備

　　爸爸用氣球和塑料瓶給Suki做了一個利用氣壓噴水的科學實驗。用剪刀在透明果汁瓶子側面扎一個小洞，插入一根吸管，再用泥膠固定住吸管並密封孔洞。瓶子裏裝上大半瓶水。瓶蓋上扎孔（如果瓶口小也可以直接摘掉瓶蓋）。吹鼓一個氣球，用夾子夾住氣球口，再把氣球底端套在瓶口。準備好後爸爸讓Suki屏氣觀看。他把夾子打開，氣球裏的空氣立刻壓入瓶中，氣壓使得藍色的水從吸管裏噴了出去，「噴泉」呈拋物線落入旁邊的水盆裏。

● 學習和表現

　　這個科學實驗展示了看不見的空氣有着可以噴出水的壓力。看到噴泉，Suki驚訝地「哇哇」叫起來。現在她還不懂得氣壓這樣的概念，只是觀看這個現象，這個遊戲可以等她大一點再重複做。

TIPS

　　在果汁瓶的水裏滴幾滴食用色素，染色後噴泉效果會更明顯。

池塘裏的小蝌蚪
TADPOLES

● **方法和準備**

　　我家的院子裏有個迷你的小池塘，種了些水草之後就有小青蛙搬來住了。去年夏天來了三隻，牠們成了Suki每天都要拜訪的朋友。冬天時牠們消失不見了，她就一直問牠們甚麼時候回來，爸爸回答説春天。天氣暖和了，她便時常問起青蛙的事，終於我們在池塘裏發現了一群小蝌蚪。Suki很激動，立刻和牠們成了朋友，似懂非懂地聽着小蝌蚪會變成小青蛙的故事。爸爸拿來玻璃杯，撈上兩隻小蝌蚪讓她觀察。Suki把牠們帶回房間，看牠們搖尾巴游泳的樣子，觀察了好一陣之後又把牠們送回迷你池塘裏去了。

● **學習和表現**

　　通過不同季節的多次觀察，讓Suki瞭解青蛙的生態習性：青蛙喜愛的棲息地和食物，青蛙的冬眠，小蝌蚪到青蛙的轉變。她每天都去看蝌蚪，等着它們變成青蛙。

TIPS

　　在觀察小動物時，我們會告訴Suki盡可能不打擾牠們，更不能傷害牠們。

製作乾花
FLOWER PRESS

● 方法和準備

　　Suki的嫲嫲很喜歡製作乾花，她送給Suki一個漂亮的小型壓花板。壓花板由2塊木板和4顆可以鬆緊的螺絲釘組成，裏面是多層的吸水紙板，可以同時壓很多花。好朋友Keke要過生日了，Suki在自家花園裏採集了一些花，製成乾花後，選擇了最喜歡的幾朵，黏貼好做成了生日卡片。

● 學習和表現

　　在製作乾花的過程中，Suki要觀察和選擇鮮花，採集它們，操作壓花板，瞭解花脫水乾燥之後的形態，並用乾花進行美術設計。

TIPS

　　乾花卡片製成之後可以讓寶寶聞聞味道，脫水之後花變乾燥了，但花香還在。

① Suki 先用托盤和剪刀在院子裏採了一些花和葉子。

② 她把花和紙板一層層壓在一起，再把木板套在上面。

③ 這個工作裏她最喜歡的部分是擰螺釘。以前看到爸爸擰螺釘時她就很想嘗試，但一直沒有適合 Suki 的工具。擰螺釘這個動作需要很精細的手指操作，並理解甚麼是順時針和逆時針。

④ 螺絲壓緊以後，鮮花在壓花板裏存放了很多天，再打開時，它們已經變成了像紙一樣又平又乾的花。Suki 選擇了最喜歡的幾朵，做成了 Keke 的生日卡片。

帶她去無人之境
NO MAN LAND

● 方法和準備

　　我們在假期邂逅了這樣的仙境：在英國 Devon 小鎮 Ilfracombe 邊緣，走過長長的隧道，後面隱藏着秘密湖泊湖灘，那裏沒有人煙，只有完完全全的自然，靜謐得給人以異星之感。Suki 在這裏特別安靜，撿了很多貝殼和石子，和爸爸一起聽風看鳥，一次次往水面飛石子，然後脫了鞋踩在湖泊邊緣，説話時四周環繞的巨大岩石攏出回聲。

● 學習和表現

　　這一直是我們的願望：帶孩子去一個無人之境。在城市中生活，太難尋找這樣的環境：視線裏沒有人造的痕跡，耳朵裏沒有人為的噪聲，身邊沒有嘈雜的人群，這樣純粹的自然景色對這一代的孩子來説愈來愈奢侈了。給她機會感受純自然環境，在靜謐的自然裏感受自己平靜的情緒。Suki 在這裏玩了很久，時光好像被阻隔在隧道的另一頭，在這裏靜止了一樣。

糖豆彩虹盤
CANDY RAINBOW

● 方法和準備

我準備好彩虹糖豆,讓Suki把它們等距擺放在盤中呈一圈,然後輕輕地把涼水倒入盤裏,覆蓋住糖豆。等待十幾分鐘,糖衣上的色素開始溶化,並朝着圓心流淌,逐漸形成了好看的彩虹盤。

● 學習和表現

這個很有視覺效果的遊戲可以讓Suki學習色彩、瞭解糖衣與色素溶化於水的現象,同時漂亮的彩虹盤也令她非常開心。

TIPS

在糖衣溶化的過程中要讓桌面保持完全靜止,否則會影響彩虹盤的形狀。

✚ 生活實踐

　　1歲以後，Suki的自我意識不斷增強，很多事情她都要自己做，如果大人不請自來替她做了，她往往會抗議。看到媽媽無論是做飯洗衣還是清潔整理，她都想要來「幫一手」，也照貓畫虎地要模仿我的操作。我很珍惜她萌芽的獨立意識，和她想要掌控自己小世界的渴望和努力。

　　很多生活實踐的內容對幼兒來說難以操作，保護他這個敏感期並幫助他參與生活的最好方式，就是有意識地為他設計安全的生活操作遊戲，用模仿的、簡化的或者替換道具的方式，給他演示操作方法，讓他能夠反復進行生活實踐的練習。

　　參與生活，不僅能夠有效地增強他的生活技能，提高身體協調力、專注力、解決問題的思考能力，也讓他切實感受到自己是生活的主人，是家庭中有貢獻的重要成員，這對培養他的自信心、責任感、社會情商都有顯著作用，帶給他更健康的身心。

打蛋器打泡沫
WHISK AND BUBBLES

TIPS

把一些生活用品當作玩具，會讓寶寶對自己的生活環境有參與感和征服感，尤其很多廚房用品都可以拿來練習手部的動作，當然選擇這些用品要注意其安全性。

● 方法和準備

首先鋪好塑料布以保護地面不被弄濕。找一個安全的、不易打翻的廚房器皿，盛少許水，滴入一些洗碗液。給寶寶演示如何用打蛋器，讓她轉動手腕使打蛋器在水裏打圈，一邊攪拌一邊泡沫就多起來。

● 學習和表現

也許是人類小孩想要征服工具的本能，1歲的寶寶已經開始對廚房用品充滿好奇，總是想要搶媽媽手裏的湯匙、鏟子、筷子，興趣大過自己的玩具。使用打蛋器可以讓寶寶練習手部打圈的動作，增加手腕的力量，同時觀察製造泡沫的過程。Suki對打出泡沫很有成就感。

水杯、篩子和海綿
WATER AND SPONGE

● 方法和準備

　　我在水盆裏盛了一些水，給Suki提供了兩個量杯、一個盛着豆子的小杯，還有海綿和篩子。她可以自由地進行幾個遊戲：用兩個量杯相互倒水；用篩子把水裏的豆子濾出來再倒入杯子裏；用海綿吸飽水盆裏的水，再擠到量杯裏。

● 學習和表現

　　2歲的寶寶熱愛玩水，因為水的質感帶來感官刺激，玩法變化無窮，充滿動感，正符合這個年紀的心智，能夠發展她的創造力。在遊戲中他也可以練習到一些生活技能：用量杯倒水，使用篩子，用海綿吸水和擠水。他最喜歡遊戲中使用篩子的部分，專心玩了很久，重複地把豆子和水分離。

TIPS

　　在Suki處於「水的敏感期」時，我盡可能地讓她玩水玩個夠，並提供不同的工具。無法在室外玩水的話，我就在家裏的地板上鋪好塑料布，給她穿上圍裙，創造一個室內玩水的環境。也可以讓她站在小凳上，直接在洗手盆裏玩水。

切水果
CUTTING FRUITS

● 方法和準備

　　我給Suki玩兩種切水果的遊戲：切玩具水果和切香蕉。玩具水果可以用玩具刀切開再黏上。切的動作熟練了以後，就可以開始切香蕉了：給她一個切板、兒童餐刀、熟香蕉和兩個小碗。她自己剝開香蕉皮，把香蕉切成小段，再把香蕉皮和香蕉分別放在兩個小碗裏。

● 學習和表現

　　寶寶經常看到媽媽在廚房切食物，對於使用刀子早已躍躍欲試。切玩具水果可以初步練習「切」的動作，學習水果的名稱和形態，把它們配對。切真實的水果讓他更有成就感，切香蕉時他要學習剝開香蕉皮，練習使用餐刀，然後用小碗來收納。自己切的水果似乎更好吃，切完以後Suki瞬間就把香蕉都吃光了。

TIPS

　　可以逐漸「升級」寶寶的刀具：從玩具刀到塑料刀，再到安全的不銹鋼兒童餐刀。讓她自己保管餐具，收納到自己的「小廚房」裏，會給她更多掌控感和成就感。

屬於她的洗手台
HAND WASHING TABLE

● 方法和準備

我在廚房的一個角落裏布置了屬於 Suki 的洗手台：矮桌上有臉盆、裝了水的量杯、牙具、香皂、梳子、毛巾、乳霜和由她照顧的一小株植物。每天早上起床或者從外面回來時，她把乾淨的水從量杯倒入臉盆，用香皂洗手洗臉，再用毛巾擦乾；也可以自己使用牙具和乳霜。

● 學習和表現

Suki 2 歲以後總是積極要求洗手洗臉，可是家裏的水池太高，水龍頭很難操作，每次都要我們幫助她。因此我給她設計了這個她可以獨立完成衛生自理的角落，讓她熟悉洗手洗臉的程序，學習整理洗手台，並且自己記得每天梳頭和刷牙，不用總是依賴我們來提醒她。

TIPS

在學習個人衛生自理時，一開始寶寶會把水弄得到處都是，或者不按程序進行。這時不要責備她，讓他玩個夠，然後每天重複提醒他正確的操作方式和程序，逐漸地，他就學會自理並能夠保持洗手台的整潔了。重要的是，不要讓寶寶對洗手台產生抵抗情緒。

剝雞蛋殼
PEELING EGGS

- **方法和準備**

    把煮熟的雞蛋放在寶寶的餐盤裏,給他演示剝雞蛋殼的過程,再讓他自己來嘗試。

- **學習和表現**

    有沒有發現寶寶覺得雞蛋這個東西很有趣?看着雞蛋的形狀 Suki 都會咔咔笑起來。剝雞蛋殼是一個和食物有關的生活實踐練習,剝蛋殼時手指需要精細地操作,這對 Suki 來説也是有挑戰的遊戲。第一次剝雞蛋殼,從把雞蛋殼敲裂到全部殼剝掉他都能獨立完成,結束後他喊着説「再來一顆」。

TIPS

雞蛋是很有營養的食物。有些寶寶不愛吃雞蛋,讓他參與剝雞蛋殼也許會引起他來嘗一嘗的興趣。對於其他食物也是如此,讓他參與食物的準備和操作,會激發他品嘗食物的好奇心。

給室內的小綠園澆水
WATERING PLANTS

● 方法和準備

在 Suki 的遊戲室裏，有一些植物由她負責澆水。我每周把盆栽從架子上搬下來放到地面上，給她噴水壺和灑水壺，讓她護理這些植物。

● 學習和表現

讓寶寶負責一個小綠園，學習植物護養，並且每周觀察植物的生長，熟悉它們的形態和習性。使用灑水壺需要一些技巧，澆水時需要有一定距離，水才會呈拋物線正好澆到植物上。噴水壺則用來滋潤植物的葉子。凡是和水有關的遊戲，Suki 玩起來都很上癮，因此要提醒她有些植物不能過量澆水。

TIPS

如果擔心寶寶把室內弄濕，就把植物搬到室外來澆水吧。

硬幣、錢包和購物袋
MONEY MANAGEMENT

● 學習和表現

　　2歲的寶寶正在渴望獨立，教給錢的概念，讓他學習錢的面值，瞭解如何用錢購物，可以讓他從很小就有錢的自我管理意識，知道如何去做物質上的選擇。明白了錢的概念，他就知道了商店裏的東西不能隨便拿，會握着錢包耐心地排隊付款。

● 方法和準備

　　因為經常和爸爸媽媽去買東西，2歲的Suki已經懵懂知道了硬幣和「錢」的功能。她很介意硬幣被「遺落」，時常會在家裏的各個角落搜尋爸爸不小心丟下的硬幣，還經常在馬路、公交和海灘上到處撿錢。於是我們會偶爾給她一些零錢，教給她如何識別硬幣，讓她存在小鴨子錢罌裏，或者放在自己的小錢包裏，出門時用購物袋放着，讓她自己決定用這些硬幣玩搖搖車、買一杯奶昔或者一本兒童雜誌。

TIPS

　　硬幣管理遊戲不適合口慾期的寶寶。這個遊戲需要等到寶寶對錢有足夠的理解力再進行。

製作士多啤梨啫喱
MAKING STRAWBERRY JELLY

● 方法和準備

Suki吃過一次啫喱之後就迷上了這種食物，總是嚷着要吃。作為偶爾一次的福利，我們乾脆讓她自己動手做啫喱。Suki把啫喱粉放進大碗中，爸爸倒入開水，Suki不停攪拌，耐心地等它放涼，然後放入冰箱中等待幾個小時。再拿出來時，液體就變成了啫喱，很神奇。

● 學習和表現

烹飪遊戲可以讓寶寶學習食物的特性、瞭解製作方法、練習很多手部的動作，又好吃又好玩。2歲寶寶都喜歡啫喱的質感，液體變固體的過程好像魔術。這個遊戲也很考驗他的耐心，要學會等待。啫喱終於做好時，Suki看着眼前的小碗開心得手舞足蹈。

TIPS

製作過程要有大人陪同，尤其倒入開水時要小心寶寶被燙傷。

形狀毛毯與扣子
FELT SHAPES AND BUTTONS

- **方法和準備**

    我用彩色毛毯剪出不同的形狀，中間剪出扣眼。用一條細長的毛毯作為帶子，兩頭各釘一個大扣子。我讓 Suki 用縫有大扣子的帶子把一塊塊形狀毛毯穿起來。

- **學習和表現**

    形狀毛毯的穿孔遊戲其實是生活自理的模擬練習。這個月齡的 Suki 能夠自己穿鞋子、襪子和外套，最近正在練習穿上衣，但扣扣子顯然是最難的部分，需要用手指進行複雜的精細操作。毛毯布比較硬，容易用手指拿捏，大扣子也比較容易穿過扣眼，這算是簡易版和放大版的扣扣子練習。練習的同時可以再熟悉一下形狀的名稱。這個遊戲目前對 Suki 來說還有些難度。

TIPS

    蒙特梭利的學前教育遊戲裏，一些難度較大的穿衣動作可以用這樣「放大局部」的桌面教具來進行練習，例如扣扣子、繫鞋帶、按按扣、拉拉鎖等，都可以用教具來實現。

擠檸檬
SQUEEZE A LEMON

● 方法和準備

晚上家裏吃三文魚，需要灑上檸檬汁，於是我讓Suki來擠檸檬。托盤裏準備了切成兩半的檸檬、擠檸檬的器皿和玻璃碗。她用器皿擠檸檬，再把擠出的檸檬汁倒入玻璃碗中。

● 學習和表現

廚房裏有很多Suki需要學習和練習的工具。例如這個擠檸檬的器皿能夠鍛煉手部的力氣，她需要用盡全力並且旋轉手腕才能把檸檬汁擠乾淨。

TIPS

寶寶也可以自己動手用同樣的器皿榨鮮橙汁來喝。

幫爸爸收拾花園
HELPING DADDY GARDENING

- **方法和準備**

在春天到來之前，爸爸要把花園整理和修剪一番，撿走枯枝和枯葉，上一層新土，給植物們抽芽做好準備。Suki 的任務是把地上的碎枝條和碎葉子撿到綠色回收桶裏去，並找一個迎風的角落把新買的風車安置在花園裏。

- **學習和表現**

「收拾花園」可以讓寶寶參與勞動，讓他知道在不同季節的花園裏，我們要進行不同的勞作以維持花園良好的生態循環。這個年紀的 Suki 很喜歡「規整」和「收納」，把枝條放入回收桶這樣的工作她能夠做得很認真。當然工作一會兒之後，花園裏也有很多轉移她注意力的事物，例如蚯蚓、昆蟲和想要破土的小芽。

TIPS

可以給寶寶準備一副花園手套和一個小鏟子，保護他的小手，也讓他更有「園丁」的專業感。

泥膠的烹飪遊戲
PLAYDOUGH WITH CUTTING TOOLS

- **方法和準備**

　　我們經常用泥膠進行廚房和烹飪的模擬操作。在 Suki 1歲多時，我給她提供了多種材料和泥膠搭配着玩，例如硬質的通心粉、剪短的吸管、豆子和扣子，她可以有模有樣地做起「杯子蛋糕」、「薄餅」和「雪糕」等。2歲半時，我給她提供了更多的泥膠「廚房工具」，例如切割刀、雕刻刀、擀麵棍和各種模子。

- **學習和表現**

　　Suki很小就想模仿媽媽學習烹飪。廚房遊戲可以從泥膠開始，模擬也是為生活實踐做準備。Suki玩起泥膠來常能專注一個多小時，在其中她可以學習切、揉、壓模等動作，體會材料的不同質感，並發揮塑形的創造力。

TIPS

　　當寶寶熟悉運用泥膠後，就可以開始進行真正的「烹飪」了：麵粉裏加些牛油和糖，可以代替泥膠進行同樣的切割和模子塑形，最後還能放入焗爐烤熟，製作成讓寶寶驚喜不已的小餅乾。

如廁訓練區和「便便」的繪本
POTTY TRAINING BOOKS

● 學習和表現

　　2歲的寶寶對「便便」很感興趣，把能夠使用便盆當作很大的成就，彷彿是自己征服「便便」的象徵。這個年紀的Suki喜歡談論「便便」，喜歡觀察和笑話「便便」。為了幫助她度過「便便敏感期」，我給她讀了許多關於如廁和「便便」的繪本。其中她最喜歡的繪本是Taro Gomi的《每個人都便便》（Everybody Poos），裏面描繪了動物和人類多種多樣的便便習慣和方式。這本書她如廁必讀，已經倒背如流，一副深諳世間生物「便便」奧秘的樣子。

● 方法和準備

　　為了幫助Suki進行如廁訓練，我們在家裏一個舒服的角落給她設置了「如廁訓練區」，放置了她最喜歡的卡通人物便盆、紙巾和最愛讀的繪本。

TIPS

　　在寶寶的如廁訓練期，不要壓抑他對「便便」的興趣，不去阻止他談論便便，甚至可以讓他去仔細看一看便便的形狀。市面上有很多關於如廁和便便的繪本，可以和他一起閱讀。

做雪條
MAKING ICELOLLY

• 方法和準備

　　準備一套雪條模具、一個量杯、一瓶橙汁，我讓Suki把橙汁倒入量杯，再用量杯把果汁倒入模子。傾倒的過程需要一點技術含量。給模子蓋上蓋子，放進冰箱冷凍，耐心等待，幾個小時之後橙汁雪條就做好了。

• 學習和表現

　　有時Suki很想吃雪條，唸個不停。商店裏賣的雪條太甜，又可能有不健康的成分，所以我經常讓她自己用果汁做雪條。簡單的操作可以讓她興奮地期待一下午，等待的過程很考驗她的耐心，自己做的雪條吃起來似乎比買來的還甜。Suki也非常喜歡親手做雪條然後帶給好朋友們，分享的滋味更甜美。

TIPS

　　也可以用不同的純果汁例如蘋果汁、紅莓汁做雪條，當然乳酪雪條也很受歡迎，要增加點甜度的話還可以放一點蜂蜜或者葡萄乾，這些都是天然健康的原料。

洗葡萄
WASHING GRAPES

- **方法和準備**

    我在托盤裏準備了一小盒葡萄、一盆水、一個篩子和一個乾淨的小碗。Suki把葡萄一顆顆摘下來放入篩子，再用篩子在水盆裏清洗葡萄多次，最後倒入碗中。

- **學習和表現**

    Suki很愛吃水果。那麼我讓她自己來準備水果，從洗葡萄開始。在這個實踐中她要練習摘葡萄、使用篩子清洗和小心地倒葡萄。她拿着自己洗好的一碗葡萄得意地向爸爸炫耀，一起享用。

TIPS

    根據寶寶的喜好，還可以洗櫻桃、蘋果和藍莓等。

晾衣服
LAUNDRY

● 方法和準備

Suki時常主動要求幫媽媽晾衣服。於是每次太陽出來時,我把洗好的衣物放在洗衣筐裏,讓她負責晾自己和妹妹的衣服,教她把衣服拉平,再一層層地搭在晾衣架上。

● 學習和表現

這是一個訓練整理技能和耐心的生活實踐。我有點意外Suki會對這項工作這麼上心:她把每一件衣服都展得平平的,認真在架子上平整地晾好,完成後還要求再來一桶。

TIPS

注意晾衣架要足夠穩,不會傾倒傷到寶寶。大件的衣物很難展開,所以我只給Suki小件衣物練習。

給妹妹拌馬鈴薯泥
MASHED POTATO

● 方法和準備

　　7個月的妹妹Sula吃的輔食品愈來愈多，Suki經常對妹妹的食物很好奇。這次我讓她來給妹妹攪拌馬鈴薯泥。將煮好的馬鈴薯放入容器中，放一點牛油，Suki用木勺不停地攪拌，直到馬鈴薯都均勻地搗成泥狀。

● 學習和表現

　　這個遊戲可以讓Suki瞭解馬鈴薯泥的質感和做法，練習攪拌的動作，鍛煉手腕的力量。她把馬鈴薯泥攪拌好之後，要親自餵給妹妹吃，好像等待評論的廚師一樣盯着妹妹吞下每一口。

TIPS

　　Suki經常幫妹妹攪拌的食物還有青豆泥、紅蘿蔔泥和番薯泥。

帶媽媽回家
TAKE MUMMY HOME

● 方法和準備

　　我有意識地考察Suki認路的能力。我們每周都步行去家附近的玩具圖書館玩，估計她已經熟悉這條路線了，就和她玩起「帶媽媽回家」的遊戲。讓她走在前面，我跟着她回家。

● 學習和表現

　　這個遊戲可以讓寶寶主動地記憶地理環境，提高方向感和認路的能力，遵守交通規則，學會看交通指示燈和過馬路。不出所料，這十分鐘的路程Suki已經熟記於心了，給媽媽帶路的她看起來很自信。之後每次從玩具圖書館出來，她都説「我要帶媽媽回家」。

TIPS

　　玩這個遊戲要注意交通安全。遊戲之前要反復地鞏固寶寶的行人交通規範：要在人行道上行走；不能到馬路上去；過馬路要看紅綠燈、看車來的方向；有他人通行要懂得讓路等等。家長要緊跟在他身後，以防有突發情況。不適合讓寶寶自己過繁忙的馬路，我只讓Suki通過居民區內的狹窄馬路。

給妹妹修復圖書
MENDING BOOKS

● **方法和準備**

　　最近 Suki 把她嬰兒時期喜歡的那些書整理了出來送給妹妹，其中有幾本掉頁或者撕壞了，於是我和她一起把圖書修好。她使用膠水和膠帶，大致把書頁黏到了一起。雖然修理手段有些粗糙，但圖書現在又完整了，帶着愛心送給妹妹。

● **學習和表現**

　　這是一個親子合作的物品修復任務。現在的孩子們可以擁有很多圖書和玩具，「得到」是件太容易的事。我們不能忘記告誡他去「惜物」，愛惜自己的物品，試着修復壞掉的那些，並且學會定期整理物品，把自己不用的物品贈與他人。一個成人與物質之間的關係，也許很大程度來自他兒時對待物品的態度和習慣吧。

TIPS

　　修復圖書對2歲寶寶來說難度挺大，和他一起完成，不失為一個親子互動的機會。

做一個紅蘿蔔菠蘿蛋糕
BAKING CAKE

● 學習和表現

　　Suki 2歲半時，我開始和她進行複雜一點的烹飪遊戲了。烹飪是最好的生活實踐，可以全方位訓練她的工具使用能力，手指靈活性，對詞彙的學習和對食物的認知。在製作蛋糕的過程中，她要學習打雞蛋、傾倒麵粉、攪拌、研磨和開罐頭的動作，練習手指和手腕的力量，熟悉各種食材和工具的名稱，製作和等待的過程也培養了她的耐心。最後，Suki 拿着自己做的蛋糕驕傲地去了好朋友的聚會中分享給大家吃。

● 方法和準備

　　很多小朋友都喜歡甜食，Suki 也不例外地熱愛蛋糕。周末有個小朋友的聚會，她便嚷着要帶一個蛋糕。那麼就讓她自己動手做一個吧！自己烘焙的蛋糕更健康：可以少糖，成分天然，還可以加入有營養的紅蘿蔔等，不用很華麗也一樣好吃。聽説可以自己動手，Suki 興奮得躍躍欲試。

RECIPE

　　紅蘿蔔菠蘿蛋糕的食譜來自英國兒童飲食的教母級人物 Annabel Karmel。

　　材料如下：麵粉 200 克，發酵粉 2勺，小蘇打粉 1/4 勺，肉桂粉 1 勺，薑粉 1 勺，鹽半勺，菠蘿罐頭 140 克，紅蘿蔔 3個，蔗糖 140克（我用紅糖），雞蛋 3個，葡萄乾 85克。

① 把雞蛋打入大碗中。

② 把麵粉、發酵粉、小蘇打粉、肉桂粉、薑粉和鹽倒入碗中。

③ 把混合的麵粉和雞蛋攪拌在一起。加入蔗糖，繼續攪拌。

④ 研磨紅蘿蔔絲要在家長的指導下進行，小心手指劃傷。

⑤ 打開菠蘿罐頭，這個步驟需要手指的力量，需要媽媽幫忙。把菠蘿和紅蘿蔔放入容器中，媽媽用絞碎機絞成泥。

⑥ 把紅蘿蔔菠蘿泥加入到大碗的混合麵粉中，再加入一些葡萄乾並攪拌。

⑦ 把烘焙紙放入蛋糕烤盤，把混合攪拌好的麵粉倒進去，就可以開始烤了！

⑧ 焗爐 180℃，烤 35 分鐘，拿出來放置 15 分鐘，房間裏充滿了蛋糕的香味。最後加一勺蛋糕糖衣，抹勻即可。

TIPS

研磨紅蘿蔔絲時，要防止研磨器劃傷手。我偶爾會讓 Suki 在我的監督下使用一些有一點「危險」的工具，她需要學習和瞭解這些風險，從而更懂得要動作準確和謹慎。

掃地
BRUSH FLOOR

• 方法和準備

爸媽們大概都會有這樣的體驗：你一開始掃地，寶寶就會來搶。Suki也不例外，於是我乾脆給她一套小型的掃把和簸箕，讓她好好學習掃地。一開始她掃起來有點不着邊際，於是我在地面上用膠帶圍出一個正方形，讓她把灰塵都掃到這個正方形裏面，這個練習可以增加她的掌控感。

• 學習和表現

掃地是生活自理的基本實踐之一。用掃把把灰塵掃到一起、再掃入簸箕，看起來簡單，對2歲寶寶卻是個不小的挑戰，他要能夠靈活控制掃把的方向，也需要手腕的力量。打掃自己的遊戲室，會讓他學習愛護自己的生活空間。

TIPS

如果寶寶難以掌握長的掃把和簸箕，也可以使用刷子和帶手柄的簸箕。

餐具放入洗碗機
LOAD DISHWASHER

• 方法和準備

Suki最喜歡做的家務之一是把餐具放入洗碗機。我把餐具大致沖洗後，指導她把盤子、碗、刀叉、杯子都整齊地放在相應的位置，然後關上洗碗機的門蓋。

• 學習和表現

這個月齡的Suki開始對秩序感興趣，意識到餐具要遵循一定的規則才能夠放得更平穩整齊，這種秩序似乎很吸引她，她尤其喜歡把刀叉和湯匙小心地插入細小的網格架中。

這個遊戲讓Suki學習了如何拿放易碎和尖銳物品。很多父母會阻止寶寶操作易碎物和尖銳物。其實，蒙特梭利的教育法鼓勵幼兒在成人的指導下使用瓷碗、瓷盤，他們需要學習和理解物品的易碎性，以及尖銳物可能產生的傷害，才會懂得如何使用這些物品，更小心和熟練地保護自己。自然中本就充滿危險和風險，也許家長要做的不是為孩子們去除所有危險，而是教會他們如何識別和規避這些危險。

TIPS

要注意餐具的安全性，菜刀、水果刀等風險大的用具不要出現在寶寶的操作範圍之內。

做薄餅
MAKING PIZZA

● **方法和準備**

　　Suki對蔬菜不是那麼感興趣，但她很喜歡吃薄餅。為了鼓勵她多吃些蔬菜，我教她自己來做薄餅，並把蔬菜藏在薄餅裏，這樣她便不會太抗拒。

● **學習和表現**

　　做薄餅是非常便捷的烹飪遊戲，寶寶還可以發揮主動性選擇自己喜歡的配菜，並在製作的過程中熟悉這些食物的名稱。薄餅做好以後，Suki迫不及待地咬上一口，自己做的薄餅當然最香了。

TIPS

　　配菜的部分可以按照寶寶的口味自由發揮，我有時也會用蘑菇、菠蘿或肉碎。

① 我使用的是超市買的薄餅底盤，準備好芝士、火腿腸、橄欖、紅青椒、粟米粒等作為配菜，以及適量橄欖油和番茄醬。

② Suki 按照自己的口味和喜好把配菜撒在薄餅上。

③ 裝飾好之後，小心地把橄欖油均勻地灑在薄餅上。

④ 最後她把番茄醬加到薄餅上，用湯匙抹勻，再多撒上一些好吃的芝士。

⑤ 薄餅放入焗爐十幾分鐘就烤好了。在爸爸的指導下，她又學習了使用切薄餅的滾刀。

剝豆莢
PEEL GARDEN PEAS

● **方法和準備**

　　青豆是Suki最愛吃的綠色蔬菜之一，除了在超市買來剝好的青豆，也可以在菜市場買新鮮的豆莢，讓她來剝豆子。公公把洗好的豆莢一個個打開，她用手指把青豆摘出來，放在一個大碗裏。

● **學習和表現**

　　剝豆莢的遊戲可以幫助寶寶練習手指的精細操作，瞭解豆莢的構造，進行分類和歸納，參與家務。Suki很有耐心地坐在那把一大碗豆莢都剝了乾淨，把所有青豆都放在碗裏。後來每每看到青豆，她都會強調説：「我會剝青豆！」

TIPS

　　下一次還可以讓寶寶學習按開豆莢，這更需要手指的力量，對此時的Suki來説有些難度。

自己決定行李中的物品
TRAVEL LUGGAGE

● 方法和準備

　　我們要準備家庭旅行了，Suki 非常興奮，早早就搬出了她的行李箱。借這個機會，我讓她自己來決定行李中的物品，學習收拾行李。首先是讓她看看衣櫥，選擇自己最喜歡的幾件衣服，並在媽媽的建議下帶上適合旅行的必要用品，如梳子、牙刷、水杯等，在書架上選擇她想帶的書和玩具。然後我們一起討論如何把所有物品整齊地放到行李箱中，她來動手，並學會關上行李箱和上鎖。

● 學習和表現

　　平時出門，寶寶已經習慣了爸媽來準備他所需要的一切。這個遊戲給他機會思考、觀察和決定自己出門時所需要的物品。雖然現在 Suki 還不能完美地做到有條理，但她會嘗試物品在行李箱的空間擺放，並在旅行時能夠自己想到去使用它們。給她行李箱的鑰匙，讓她對自己的物品負責。

TIPS

　　這個兒童行李箱有輪子和拉繩，旅行時 Suki 可以拉着走，由她負責自己看管行李。

許願單
WISH LIST

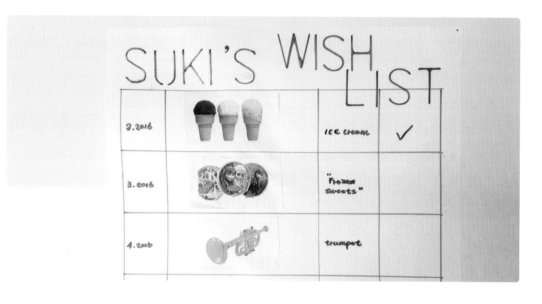

• 方法和準備

當 Suki 在商店裏發現非常喜歡的東西或者很想要某個體驗時，我們會建議她把這件事記在許願單上，一個星期以後如果還是那麼喜歡，我們再來買。我把她特別想要的那些東西打印成圖畫，讓她自己貼在許願單上，之後實現了的會打勾，沒實現的保持空白。通過這樣的方式讓她發現，有些事物她並沒有那麼喜歡，例如「魔雪奇緣的糖果」，她一個星期之後就忘了。而「玩具喇叭」，她每天都看着許願單欣喜又期盼地念叨着，那我們就會在下個周末買給她。

• 學習和表現

情緒管理對 Suki 和我們來說都是一個大課題。她一直是個愛憎分明的小孩，從嬰兒時期起情緒就非常激烈，無論是哭還是笑都會用力讓全世界知道。到了 2 歲，

TIPS

當 Suki 因為要玩具而在商店哭鬧時，我們也嘗試過用手機拍下玩具，讓她把「圖片」帶回家而平息她情緒的方法。總之，在孩子情緒最激動的時候，我們既要堅持原則，也要想辦法給她一個疏導情緒的台階。

有時一些小事就會讓她情緒失控，這種失控甚至會讓她自己也很害怕。我們和她一起摸索管理情緒的方法，她逐漸掌握了一些有用的小技巧。

Suki以前從來不會因為在商店裏要東西而哭鬧，而近期連續發生了好幾次。她因為爸媽的拒絕而非常崩潰，就好像我們否定了她整個存在一般地傷痛欲絕。我們也有些困惑：我們既不想讓她感覺我們忽視她的願望，也不想嬌縱她讓她覺得自己想要甚麼就該立刻擁有。而且很多時候，她並不是因為多麼喜歡那樣物品，而是因為玩得累了，又被爸媽拒絕，從而抗拒和委屈。

於是我們設計了這個「許願單」，它就好像一個情緒的台階，讓Suki在情緒最激動的時候能有一個疏導，也借此讓她接受延遲滿足，並在她人生初期面對自己的物質慾望時，給她思考的空間來探索自己與物的關係。

有家庭照片的錢包
FAMILY PHOTOS IN WALLET

● 方法和準備

　　這個假期 Suki 要旅行一個月，而爸爸不在身邊。我給了 Suki 一個錢包，讓她從相冊裏選擇她喜歡的家庭照片和爸爸的照片，我們一起剪成卡片大小，放在錢包裏面。這樣在她想爸爸、想家的時候，可以隨時拿出來看看。錢包裏還有一些廢棄的銀行卡，她可以玩模擬購物的遊戲。

● 學習和表現

　　對 2 歲的寶寶來説，離開家和親人一段時間不是一件容易的事，一個有家庭照片的錢包可以幫助他探索自己和「家」的情感聯繫。在旅行時，Suki 見到親朋好友時經常會把爸爸的照片拿出來炫耀説：「這是我爸爸！」

TIPS

　　我也給了 Suki 一些空白的卡片，讓她可以畫上自己喜歡的主題。Suki 請我畫了好幾張爸爸、媽媽、Suki 和妹妹的畫像。

語言發展

Suki很早就開始說話了，我經常驚訝於她能夠準確地模仿我們的發音，並非常迅速地記住新的單詞。從嬰兒時期開始她就非常喜歡閱讀，我們在每天的親子共讀中度過了很多親密時光，體驗了故事的樂趣，同時她的語言能力在閱讀中也飛速增長。

然而在Suki接近2歲時，她進入了猛烈的情緒起伏期，在多次交流無效的挫敗中，我忽然意識到她的情緒和她的語言能力竟是緊緊相連的。每次在她不安或者焦躁的時候，如果她無法向我們說清事情的前因後果，或者如果我們理解錯誤，她的不安都會導致情緒的崩潰，有時會傷心難過很久；而每次如果她能夠表達清楚，讓我們正確理解她感到不安的事，就能夠在很大程度上安撫她的內心，當她自言自語地分析自己難過的原因時，她就能夠控制自己的情緒並從中恢復。

因此我意識到了這個「情緒的語言治療法」，在這一年非常專注地發展 Suki 的語言能力，增大她的詞彙量，幫助她清晰地表達自己，並通過語言的建立更好地瞭解自己的情緒和外部世界。除了大量的繪本閱讀，我還設計了很多具有情景的語言遊戲，讓她能夠在玩耍的同時去描述情景，形容正在發生的事，我鼓勵她把眼睛看到的畫面和腦海中想像的情節都用語言表達出來。

　　語言發展對 Suki 的情緒治療是非常顯著的，2 歲這一年裏她已經形成了習慣，每次哭鬧或者傷心之後，她都會專心地和我用語句分析：發生了甚麼事、她的感受是甚麼、她為甚麼哭、她想要怎麼做、她是否感覺好了一點，她往往就在這樣的敘述中平靜下來，破涕為笑。這樣的語言分析幫助 Suki 很好地瞭解並戰勝了自己的情緒，到了 2 歲半快 3 歲時，她就極少哭鬧了，凡事都好商量，很講道理，也善於自我安慰，能很快地控制壞情緒並從中恢復。

　　在語言發展中，中文的學習也是我和 Suki 的一大課題，我把中文學習也設計成遊戲，讓她感覺到學習語言總是一件好玩有樂趣的事。

家庭照片的幻燈片
FAMILY PHOTO SLIDE SHOW

- **方法和準備**

　　這是我家的傳統項目：把家庭照片做成電腦屏幕保護程式的幻燈片，在姐妹倆的零食時間裏，我們經常坐在桌前吃水果看幻燈片。

- **學習和表現**

　　看家庭照片是寶寶學語言的極好方式，從Suki 1歲開始我們經常一起描述照片上的內容，她看圖說話的能力突飛猛進。16個月的Sula會說的單詞還不多，當她看到這些熟悉的家人照片，她會用手指着咔咔笑，時不時蹦出「婆婆」、「爸爸」、「氣球」、「寶寶」、「鴨子」、「星星」、「月亮」等單詞。她已經熟悉大多數照片上的情景，我用語言把這些情景描述出來，幫助她體會這些詞彙的意義。

　　現在，姐妹倆經常一起看幻燈片，Suki是個話匣子，她會一張張地告訴妹妹發生了甚麼，然後倆人一起咔咔笑。通過這些照片，她們也會知道自己以前住在媽媽的肚子裏，然後逐漸從小嬰兒變成了大寶寶。

TIPS

　　每次有了新的照片，我都會選擇最喜歡的幾張加入到幻燈片中，使得家庭幻燈片的內容隨她們的成長不斷更新和豐富。

安靜書:「下午茶」和「數字車庫」
QUIET BOOK: AFTERNOON TEA & GARAGE

● **方法和準備**

從Suki 1歲開始我陸續用毛毯和絨布給她製作「安靜書」。顧名思義,這個遊戲的好處是沒有聲音。它可以有多種不同主題。Suki 15個月時,她開始對「煮飯仔」感興趣,我便給她製作了一頁「下午茶」。書頁上有茶壺、茶杯、托盤、湯匙、茶包、水壺和水,每一件都可以拿下來,任意組合和擺放,並且湯匙和茶包可以放進茶杯裏,水壺裏的水可以倒出來。

Suki 25個月時,「安靜書」添加了「數字車庫」:數字鑰匙藏在樹叢裏,她要把鑰匙找出來,並打開相應數字的車庫大門,找到裏面停放的不同交通工具:小汽車、卡車、麵包車、三輪車和自行車。

● **學習和表現**

「下午茶」和「數字車庫」都是生活模仿遊戲,讓寶寶在毛毯和絨布遊戲的情景中進行敘述性的語言訓練。在「下午茶」中,Suki會一邊玩一邊描述着泡茶倒水的過程,並假想着幾個茶話會的夥伴,把茶盤、茶杯分配給他們,再用茶壺和茶包給夥伴們沏茶。在「數字車庫」中,她要匹配數字鑰匙和車庫上的數字,練習別扣開合的方法,她會自言自語地念出數字,説出每種交通工具的名稱,假想着打開和關上車庫大門的情景。

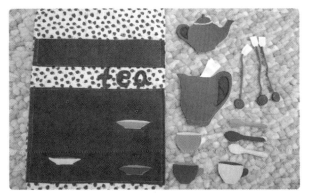

TIPS

各種各樣的情景主題都可以放在「安靜書」中，例如「農場」認知動物、「寶寶的房間」模仿穿衣睡覺、「寶寶的早餐」在餐盤裏擺放絨布食物，寶寶可以邊玩邊進行不同主題的語言訓練，媽媽在一同玩耍時可以很自然地進行情景對話，對寶寶提出問題，讓他一邊操作一邊回答。「安靜書」的特色是做的頁多了還可以裝訂成書，很適合旅行携帶，在汽車和飛機上玩起來都安靜無聲。

小熊穿衣拼圖
BEAR PUZZLE

● 方法和準備

　　Suki 2歲生日時得到一套木製的小熊穿衣拼圖，有熊媽媽、熊爸爸、小熊和小小熊一家四口，每個角色都有四套適合不同場合的衣服，要把它們搭配出來。

● 學習和表現

　　拼圖是提高寶寶觀察分析和邏輯思考能力的遊戲。在玩這套小熊穿衣拼圖的同時，Suki 也逐漸理解了不同服飾所對應的情景和場合，並自己用語言把它們敘述出來，如「爸爸去上班」、「妹妹在睡覺」、「媽媽過聖誕節」等。她很自然地把四隻熊的角色分配成了：爸爸、媽媽、Suki 和妹妹。

TIPS

　　我會為 Suki 手工製作很多玩具，因為它們使用結束之後可以回收或處理掉，不會佔用很多空間，也節省花費。但如果遇到適合她月齡、能夠很好地啟發她又難以手工製作的玩具時，我們也會買給她，但通常會選擇天然質感、保存時間長的木製玩具。

在沙子中尋找字母
LETTERS IN SAND

- **方法和準備**

　　我在盆中盛一些沙子，把一些木頭字母藏在沙子中，給 Suki 一把篩子，讓她把字母從沙子中篩出來，放在玻璃碗中。

- **學習和表現**

　　Suki 很喜歡使用篩子，這是令她着迷的工具之一，在沙子中找字母就好像挖寶一樣，晃晃手臂把沙子濾掉字母就顯現出來。她一邊挖一邊大聲説出這些木頭字母的名稱。

TIPS

　　如果寶寶處於口慾期，要防止他吞咽木頭字母。這個遊戲也可以在室外玩；如果在室內的話，我會在地面鋪一張防水墊，遊戲結束把散沙倒回盆裏即可。

用字母模板寫字
LETTER STENCILS

- **方法和準備**

    給寶寶紙筆和一個字母模板，讓她描摹字母，或者自由發揮。

- **學習和表現**

    2歲寶寶還不會書寫，字母模板可以幫助他按模板的筆劃描繪和熟悉字母的寫法，增強對字母的記憶，看到自己能夠「寫」出字母也會帶給他成就感和自信心。

TIPS

字母模板有大寫和小寫兩種，也可以選擇優美的斜體字字母模板，描得多了會對寶寶未來的手寫字體有潛移默化的影響。

羊毛毯的「薯蛋頭先生」
FELT POTATO HEAD

● **方法和準備**

　　Suki 看了《反斗奇兵》動畫片後，總念念不忘裏面的角色。於是我用羊毛毯做了其中的「薯蛋頭先生」，它的腦袋、嘴巴、耳朵、鼻子、鬍子、眼睛、帽子、眼鏡和鞋子都可以分開，Suki 可以自由組合，拼湊出「薯蛋頭先生」的臉。

● **學習和表現**

　　2 歲寶寶喜歡看臉，尤其是卡通人物的誇張表情會讓他咔咔笑。這個遊戲可以讓他記憶五官和鞋帽的位置，並自己來創造人物表情，並且一邊玩一邊逐一說出五官和鞋帽的名稱。

TIPS

　　不一定是「薯蛋頭先生」，也可以用毛毯布做出任何寶寶喜歡的卡通人物的臉，先在紙上畫出各部分當作模子，再用毛毯布剪出五官的每個部分就可以了。

繪本《奇先生妙小姐》
MR. MEN BOOKS

● 方法和準備

　　這個月齡的 Suki 最喜歡的繪本是羅傑 • 哈格里夫斯的《奇先生妙小姐》(Mr.Men and Little Miss)，每一本都有一個個性十足的可愛角色，經歷離奇好笑的故事，例如「搔癢先生」、「噴嚏先生」和「倔脾氣小姐」等。

● 學習和表現

　　《奇先生妙小姐》是 Suki 的語言啟蒙書，她從2歲開始與爸媽共讀，對每一個角色都瞭如指掌。她從這些可愛的角色身上理解和學習到人的性格特徵與情感脾氣，也從中學習了大量與性格相關的詞彙，例如「倔強」、「貪婪」、「嘮叨」等，這套書幫助她認識到自己的很多壞習慣和壞情緒，並學會自嘲。

TIPS

　　鼓勵孩子閱讀，重點是養成每天閱讀的習慣。從 Suki 嬰兒期開始我們就每天給她讀繪本，1歲時她就有自己的偏好；2歲時，睡前的一兩個小時都是閱讀時間，熟悉的繪本她已經開始自己翻閱。通過繪本閱讀，她的專注力、語言和情商的發展都很顯著。

繪本《好餓的毛毛蟲》和樹葉穿孔遊戲
THE HUNGRY CATERPILLAR THREADING

- **方法和準備**

儿童繪本大師 EricCarle 的《好餓的毛毛蟲》（The Very Hungry Caterpillar）是 Suki 1歲時最喜歡的繪本之一，講述一隻小毛毛蟲從周一到周日每天都不停地吃，終於結成蛹變成蝴蝶的故事。書的特色是每一頁的食物上都有毛毛蟲穿出的孔洞，她很喜歡用手去觸摸。以這本書為原形，我用打孔器在月桂葉上打出孔，讓她用細繩練習穿孔，並再溫習一遍故事。

- **學習和表現**

Suki 一邊練習穿孔的動作，一邊嘗試背誦她最熟悉的一本書。

TIPS

我時常會把 Suki 喜歡的繪本中的內容做成實物遊戲，讓她在玩的同時回憶書裏的情節，試着用自己的語言講出來。

字母拼圖
ALPHABET PUZZLE

• 方法和準備

我在「玩具圖書館」借到了這套木製字母拼圖，它算是拼寫的初級教具：把字母和它對應的事物單詞拼起來。只有相配的兩塊拼圖才能夠合並在一起，所以這套教具有「自我糾錯功能」，Suki不用媽媽幫助就能自己知道拼得對不對。

• 學習和表現

2歲半的寶寶處於字母和拼寫的敏感期。這段時間Suki走在路上都喜歡去讀路牌上的字母，也逐漸顯露出拼寫的興趣，所以我開始尋找一些相關的遊戲及玩具。她很快掌握了這一套拼圖遊戲，那些圖畫不僅幫助她記憶字母，她也開始熟悉木塊上單詞的拼寫。

TIPS

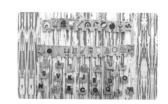

Suki經歷各種敏感期時，我很想給她提供充足的資源滿足探索需要，但又怕太多玩具佔用家裏的空間。所以我常帶Suki去區內的「玩具圖書館」玩玩具或借玩具。此外，借用朋友家寶寶暫時不玩的玩具，也是節省資源和促進感情的好方法。

Emoji 小蛋殼表情模仿遊戲
EMOJI EGGS

- **方法和準備**

　　復活節到了，各種彩蛋出現在商店裏，我們也做起和「蛋」有關的遊戲。我用紙剪出 10 張左右的小蛋殼形狀，再把 Emoji 的表情畫到這些小蛋殼形狀的紙上，然後用剪刀從中間把眼睛和嘴巴分別剪開。Suki 可以任意排列組合出多種滑稽的表情。

- **學習和表現**

　　2 歲寶寶對「臉」和「表情」很敏感，Emoji 表情拼圖是一個表情創作遊戲，那些誇張的臉讓 Suki 哈哈大笑；同時她要通過想像說出這個表情的詞彙，是「難過」、「高興」、「驚奇」、「淘氣」還是「聞到了很臭的氣味」呢？更好玩的是表情模仿比賽，Suki 組合出小蛋殼表情，看爸爸媽媽和自己誰模仿得更像。別看 Suki 只有 2 歲，我們家她最愛演，她穩妥地贏了。

TIPS

　　我經常結合節日主題為 Suki 設計遊戲，這會讓她對節日更有參與感，也會增加她對遊戲的興趣。

字母餅乾拼單詞
LETTER BISCUITS

● 方法和準備

爸爸買來一盒字母餅乾,他和Suki一起來拼寫單詞,誰拼對了才能把餅乾吃掉。

● 學習和表現

有時Suki很饞餅乾,我們又不希望她吃太多,於是爸爸把吃餅乾變成小遊戲,要通過拼寫練習才能吃到餅乾。Suki的拿手好戲是拼寫自己和好朋友Otto的名字。

TIPS

尋找不同形式和材質的「字母」,會更加激發起寶寶對拼寫的興趣。

反義詞卡片
OPPOSITE CARDS

● 方法和準備

　　30個月的Suki掌握的詞彙愈來愈多，能夠明白一些抽象的概念，也開始理解甚麼是反義詞，解釋相反的事物經常會讓她覺得很有趣。我一直想給她做一套反義詞卡片，度假時我在慈善舊貨店買到了一套，而且是她最喜歡的湯瑪士火車主題。卡片上是兩張相反的圖畫，拉開後中間顯示出反義詞單詞。

● 學習和表現

　　拿回家後Suki立即喜歡上了這套反義詞卡片，看了三、四遍就都記住了。去公園裏散步時，她會對看到的事物套用那些反義詞：「Long and short」、「Over and under」、「Old and young」等。

TIPS

　　如果寶寶有喜歡的卡通角色，可以利用它們來吸引寶寶進行學前教育。我打算給Suki製作一套湯瑪士主題的中文反義詞卡片。

樂高娃娃屋
LEGO DOLL HOUSE

● 方法和準備

　　Suki很想要娃娃屋，因為太佔地方，我們一直猶豫沒有買。利用樂高是個好辦法，樂高房屋形式多變，還可以拆解不佔空間。大顆粒樂高是很多小朋友的最愛，Suki經常可以全神貫注地玩幾個小時。搭建時，Suki提出要求，給角色分配不同的房間，由媽媽搭建出來。建好後，她就可以用那些小人在房屋裏展開各種劇情表演。一個娃娃屋玩倦了，我們就更換另一種形式的房屋。在Suki的玩具裏，樂高大概是我作為成人也最玩不膩的。

● 學習和表現

　　這個月齡的Suki和許多兩三歲的孩子一樣，着迷於玩娃娃屋，有模有樣地想像情景和角色。玩娃娃屋是寶寶模仿大人世界的重要途徑。遊戲中她模仿大人的行為和對話，幻想故事情節，並用語言把「劇情」敘述出來，這對語言和情商都是很好的訓練。

TIPS

　　樂高的零件可以搭配組合，因此不必拘泥於購買設計好的樂高娃娃屋；我們也額外收集了各種二手的房屋零件，以創造出風格獨一無二的娃娃屋。

樂高唐詩
LEGO POEM

TIPS

我們經常在遊戲和生活中尋找與優美的古詩詞連接的橋樑：在春天有鮮花和飛鳥的公園裏朗誦《春曉》，在群鵝戲水的湖邊朗誦《鵝鵝鵝》，度假時在山間渡船時朗誦《早發白帝城》。

● 方法和準備

我和 Suki 一起用她喜歡的樂高玩具創建唐詩中的情景。這一首是李白的《夜宿山寺》。我們用磚塊搭建出「百尺危樓」，在玻璃上貼上星辰，她操作着小人物踩着台階一級級地登上樓頂，整個過程我們都在念詩：「危樓高百尺，手可摘星辰。不敢高聲語，恐驚天上人。」

● 學習和表現

為了鼓勵 Suki 學中文，回國時我帶回來一盒唐詩卡片，一開始 Suki 沒有甚麼興趣，而 31 個月時她忽然開始喜歡上唐詩的韻律，經常把卡片塞給我讓我讀。在聽和朗誦的過程中，她已經能夠背誦其中幾首了，但我知道她並不是特別明白其中的涵義。我嘗試在她喜歡的遊戲中引入詩歌，幫助她理解詩歌中的情景，強化記憶。

可反復黏貼的情景貼畫
FELT CREATION

● 方法和準備

我們送了 Suki 一套可以永久使用的情景貼畫，畫片可以揭下來貼在不同的位置。這一套的主題是「家」，情景有「廚房」、「臥室」、「客廳」、「浴室」和「院子」，她要通過對平時生活的觀察和記憶把人物與物品黏貼到情景中，同時她會說出物件的詞彙，用語言敘述正在發生的情節。後來嫲嫲又送了她一套毛毯情景貼畫「野餐」，也可以永久性地重複使用。

● 學習和表現

這個年紀的寶寶忙着觀察生活，試圖把每一樣事物都變成詞彙語言加入到他的認知系統中。情景貼畫遊戲可以模擬這些場景，考驗他對環境的觀察和記憶，並在想像情節的過程中練習詞彙。Suki 可以很投入地玩很久，她最喜歡的是廚房情景，我會不時問她：「茶壺放在哪裏？」、「小男孩想喝哪種飲料？」等問題，她一邊貼一邊用語言描述，學習和鞏固了很多詞彙。

TIPS

其他的主題還有動物棲息地、交通工具、服裝穿衣等，都可以用來學習詞彙。

三隻小豬的布偶劇
THREE LITTLE PIGS

● 方法和準備

　　Suki 讀過三隻小豬的故事，她覺得很好笑。聖誕節時嬸嬸送了一套三隻小豬和大灰狼的玩偶，於是我們創造了一個布偶劇。我和她一起用吸管、樹枝和樂高磚給三隻小豬建造了「稻草屋」、「樹枝屋」和「磚屋」，然後上演「三隻小豬和大灰狼」的故事。

● 學習和表現

　　2 歲的寶寶熱愛繪本和故事，用情景劇的方式重演繪本，可以讓他更生動地記憶故事的內容，加強理解，並嘗試用自己的語言去敘述，增強表達能力。在製造道具的過程中，Suki 對繪本裏描述的「三種不同的房子」有了形象的理解，並有一種「創造故事」的參與感。她很喜歡形容三隻小豬看到大灰狼時害怕的樣子，當小豬們都擠在磚房子裏時，她想像了很多小豬們的對話情節。

TIPS

　　為了鼓勵 Suki 用自己的語言闡述熟悉的故事，我嘗試用各種方式演示她喜歡的繪本故事，可以是布偶、可以是畫片或者利用生活中信手拈來的實物。

超市購物實踐
SUPERMARKET SHOPPING

● **方法和準備**

　　Suki經常和我一起去超市購物。經驗多了之後，我讓她帶領媽媽去完成購物的任務。她的職責有以下幾個：認路，帶媽媽去超市；在超市裏找到所有購物單上的物品，放入購物籃；選擇一樣她喜歡的零食，在她的小錢包裏找到硬幣付款；把零食放在她的粉紅小豬購物袋裏，帶媽媽回家。

● **學習和表現**

　　超市購物遊戲是一個綜合性的練習，可以訓練寶寶很多技能：認路、詞彙與物品的對應、在超市裏找物品、識別硬幣額度、排隊和付款。Suki特別喜歡超市，她覺得超市在某種程度代表了大千世界，她可以

TIPS

　　Suki再大一些時，「升級」的超市購物遊戲是「有插畫的購物單」，不用我說出購物單的內容，讓她看插畫和單詞，自己找到所有物品，這可以練習她的詞彙閱讀能力，進一步增強她獨立完成任務的自信心。

媽媽說出物品的名稱，由 Suki 來找物品。

去尋找和交換自己所需，並瞭解它的某種秩序，因此她急於參與其中。很多父母都頭疼寶寶總是「不聽話地從貨架上自己拿東西」，此時不如設計一個遊戲，把購物任務交給她，滿足他探索的願望並在其中找到自信和獨立感。

　　因為已經無數次和媽媽一起來過超市，Suki 的動作非常熟練。她對物品的位置記憶得很清楚，我只要念出物品的名稱，她就能跑去快速找來，偶爾有她不熟悉的名詞，她就借機學習新的詞彙。在選擇物品時她也很有主見，例如「白麵包」還是「粗糧麵包」，她能夠很清楚地通過詞彙瞭解物品間的區別並知道自己的喜好。她很看重自己的錢包，雖然只有幾個硬幣，但她會很認真地說「我有錢」，並且像模像樣地排隊，清楚地和收銀員交流並且付款。回家的路上她拎着自己買的零食很有成就感，等不及要向爸爸彙報。

Suki 對照「有插畫的購物單」選購物品。

美術與創意

　　孩子是天生的藝術家，尤其對於還無法很好地用語言表達自己的幼兒來說，美術與創作是他自我表達的途徑之一，在自由自在地繪畫、塑形、搭建或者剪貼時，他會感覺到一個正在釋放的自我，並因此而感到快樂和滿足。例如2歲左右的Suki會很驕傲地展示自己的作品，並喊着：「我的！我的！」

　　在Suki進行創作時，我的任務是提供不同的材料和媒介，而我通常不會干涉她的創作方式，更不去要求她的結果，目的是不打斷她在這個過程中的自我表達和自我找尋，尊重她對美的意識。

　　美術和創意不僅僅是紙面塗鴉，我嘗試用各種不同的材質和主題讓她進行創意的遊戲，這會讓她瞭解到「美」可以以各種不同的形式和途徑出現，避免在她的腦海中設定思維局限。創作本身就該是件非常好玩的事。

澡盆裏畫水彩
PAINTING IN BATHTUB

- **方法和準備**

　　我給 Suki 穿上罩衫,把她放進澡盆,給她提供毛筆和水彩顏料,可以放心地讓她在澡盆裏隨意畫畫,結束後用淋浴噴頭把澡盆一沖就乾淨復原了。

- **學習和表現**

　　Suki 1歲多的時候開始想抓起筆畫畫了。畫水彩時她可以熟悉握筆的感覺,體會顏料的質感,觀察水彩溶於水的現象,培養色彩感覺和美感。Suki 尤其喜歡用刷子大筆塗抹水彩,因為手臂大揮起來很痛快,畫出的「濃墨重彩」又很有效果,因此小張的紙已經盛不下她的創作慾了。爸媽們都害怕寶寶變成拿着畫筆「攻擊」沙發、地毯、牆壁的「小惡魔」,所以我乾脆把 Suki 放進澡盆裏畫水彩,既打消了弄髒家具的顧慮又能讓她自由地畫個夠。

TIPS

　　我用舊衣服給 Suki 縫了一套「工作服」,專門畫畫用。我還在超市找到了一種可以洗掉的兒童水彩,沾在衣服上的話直接扔進洗衣機也可以洗得很乾淨。

自由線條畫
FREE DRAWING

● 方法和準備

給寶寶白紙和彩色水筆，讓他自由地進行線條畫創作吧。

● 學習和表現

15個月也可以開始畫畫了，這是Sula最初的自我表達，練習握筆也會增進她的手部肌肉的力量。我讓她自由地進行水彩筆線條畫，畫畫時她喜歡左右開弓，她也在探索着手和胳膊的運動是如何影響着畫面上的軌跡。

TIPS

如果怕寶寶把桌面畫髒，可以將較大的畫紙用膠帶固定在桌面上，寶寶畫起來就更加隨心所欲了。

自由拼貼畫
COLLAGE

• 方法和準備

Suki 1歲多時，我時常從聖誕節的包裝紙和不用的雜誌上剪下各種圖畫和圖案，收集在一個盒子裏。創作拼貼畫時，我給她一個膠水棒，一邊教她事物的名稱，一邊讓她把畫片貼在紙上。

• 學習和表現

寶寶在拼貼中學習美術構成，培養美感和創造力，練習詞彙語言，並熟悉膠水的用法。Suki 總是會一邊貼一邊自言自語地講述畫上的內容。

她2歲以後，拼貼畫創作經常是下雨天在家的遊戲，我收集了一大盒拼貼元素以作備用。這時的拼貼元素更豐富了，有彩色形狀、雜誌圖畫、親友照片、吸管、絲帶、閃片、毛線等。這個月齡的她更喜歡用膠水。我把膠水倒在小碗裏，她用小棍來黏貼。

TIPS

只要平時把拼貼元素收集好，拼貼畫是一個不需準備，任何時候都可以玩的應急遊戲，也很輕便旅行時可以携帶。平時也可以讓寶寶參與拼貼元素的收集。

包裝一份禮物
WRAP A PRESENT

● 方法和準備

朋友過生日，Suki 送給她的禮物是一株自家種的小植物。我讓她用棉花棒和水把葉子擦乾淨，用漂亮的包裝紙把植物包起來，用絲帶扎緊。由我畫出心形卡片，她用兒童剪刀剪出來，貼在吸管上插到花盆裏。

● 學習和表現

Suki 在包裝禮物的過程中學習手工和美感，試着使用剪刀和膠帶，想辦法把包裝紙做成花瓣的形狀。她也很喜歡植物護理的過程，小心地用棉花棒把葉子擦拭乾淨。

TIPS

兒童剪刀要在成人監督下操作。

全家福紙板聖誕樹

FAMILY PHOTO X'MAS TREE

TIPS

我們會在節日期間做許多節日主題的手工遊戲，一邊讓 Suki 瞭解節日的意義，一邊增加參與感和節日氣氛。

• 方法和準備

我用硬紙板剪出兩個聖誕樹的形狀，一個上方開口，一個下方開口。給 Suki 綠色顏料和刷子，讓她把紙板塗成綠色，晾乾之後插在一起呈聖誕樹狀。再給她一些剪好的家庭照片，讓她來裝飾一棵「全家福紙板聖誕樹」。

• 學習和表現

這個手工遊戲中 Suki 用筆刷把顏色均勻地塗抹，這需要不少耐心。2 歲的 Suki 最喜歡看家人的照片，她一張張地查看頭像，喊出他們是誰，然後貼到紙板樹上。黏貼時她要練習使用膠水棒。完成的紙板聖誕樹擺在遊戲室裏，這是一個屬於家人的聖誕節。

裝飾一棵聖誕樹
DECORATING A X'MAS TREE

● 方法和準備

爸爸在遊戲室裝好白色聖誕樹，掛上了彩燈。還有一箱漂亮的裝飾物，讓Suki來決定掛件掛在哪裏吧。碰不到樹頂，她就站在小凳子上掛，聖誕節也有她出力參與的一部分。

● 學習和表現

裝飾一棵聖誕樹也需要美感，她可以從中體會到創造美的快樂和完成任務的責任感。Suki把每一個裝飾物都仔細查看一遍，選出她最喜歡的那幾個掛在樹頂上。打開彩燈以後，聖誕樹漂亮極了，每天都給她一個好心情。

TIPS

自己製作聖誕裝飾物更有節日氣氛。我在Suki的要求下，用毛毯、扣子、絲帶和舊耳環做了兩個可愛的聖誕樹形狀的裝飾物，由她掛到樹上。

橡皮糖牙籤建築
CANDY ARCHITECTURE

● 方法和準備

　　萬聖節之後剩下了很多橡皮糖，我發現它們很結實，可以作為建築結點，把牙籤插在上面就可以造出穩定的建築結構。我和Suki一起探索這些「結點」和「線」能夠在三維空間裏呈現出怎樣的立體幾何造型。

● 學習和表現

　　利用不同的材質進行搭建，可以幫助孩子釋放創造力。橡皮糖牙籤建築的塑造，也可以讓他觀察「點」與「線」在空間中呈現的幾何關係。橡皮糖上能夠插牙籤，讓Suki覺得很新奇，她也喜歡橡皮糖的色彩。建築師爸爸回家以後，Suki得意地把搭建出的糖果建築展示給他看。

TIPS

　　如果寶寶貪吃糖果的話就要小心玩了，好在Suki嘗了一顆卻不怎麼喜歡橡皮糖。可替代的材料有泥膠和意粉，但結構不如橡皮糖和牙籤那麼結實。寶寶操作牙籤時要有成人監督，以防被刺到。

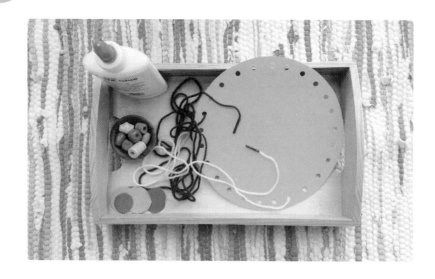

捕夢儀
DREAM CATCHER

● 方法和準備

捕夢儀的傳統來自印第安人，他們在圓盤中穿入漂亮的羽毛和珠子，當成掛件，相信這樣能幫助主人捕捉住好夢。我在托盤裏準備了圓盤形的卡紙，用打孔機打出孔，還準備了彩色的毛線、圓紙片和彩色木製珠子。Suki用膠水把圓紙片貼在圓盤上，用毛線在圓盤的孔上任意穿插，最後在毛線盡頭穿幾顆彩珠作為墜飾。

● 學習和表現

這個手工遊戲可以讓寶寶練習用膠水黏貼、用毛線穿孔和穿珠子，這些動作都需要手指的精細操作。Suki最感興趣的是黏貼的部分，她對使用膠水已經很有信心。

TIPS

毛線的盡頭貼一圈膠帶，更容易進行穿孔。捕夢儀上的拼貼元素也可以憑喜好任意發揮，例如使用羽毛、亮片、絨毛條等。

用托盤和滴管畫水彩
PAINTING WITH DROPPER

● 方法和準備

Suki畫水彩時喜歡使用大量水，經常將水滴得到處都是。這次我把畫紙放在托盤裏，就不用擔心水流到桌面和地面上。我用吸管作為繪畫工具，讓她用吸管把水滴在紙面的顏料上，觀察水彩暈染的效果。

● 學習和表現

用不同工具進行繪畫可以啟發寶寶的創造力，不被形式所局限。在這個遊戲中他學習了吸管的用法，用手指捏緊去吸水和滴水。整個創作過程中用吸管滴水的部分最讓Suki高興，對她來說水形成細流在紙面上晃來晃去的過程就是作畫了。

TIPS

也可以在小碗中把顏料和水調配好，用吸管直接把色彩滴在紙面上，會有不一樣的繪畫效果。

拼貼卡片
COLLAGE CARD MAKING

聖誕節卡片：拼貼元素是不同形狀的彩色紙片、麋鹿圖片和小鈴鐺，她製作了十幾張，每張都不一樣。

● 方法和準備

在節日和家人朋友的生日之際，我都會讓 Suki 親手製作卡片。拼貼卡片是她這個月齡的寶寶比較容易操作的手工創作，也能鮮明地呈現視覺效果，而且每次主題和拼貼元素都可以不同。我把製作工具和拼貼元素放在托盤中，由 Suki 來進行自由的拼貼設計，用膠水把拼貼元素黏貼在卡片上。

● 學習和表現

拼貼卡片可以讓寶寶練習使用膠水、剪刀等工具，在元素拼貼的構成中學習美感，通過創作把祝福和愛傳達給他人。

TIPS

可以循序漸進地讓寶寶愈來愈多地參與拼貼卡片的創作：一開始是媽媽剪好拼貼元素由她來黏貼，之後是媽媽在紙上畫出輪廓由他來剪出拼貼元素，再大一點可以讓寶寶自己設計和剪貼拼貼元素。

爸爸的生日卡片：我用彩紙剪出爸爸的頭髮、五官、眼鏡等元素，Suki 來拼爸爸的臉，並黏貼在卡紙上。拼出爸爸的時候她咯咯直笑，完成以後還意猶未盡地要求再拼一個自己。

康復卡：嫲嫲生病了，Suki 用膠布、溜溜眼睛、彩色紙片和字母模板製作了一張康復卡，嫲嫲收到以後心情開朗了好多。

登月卡：好朋友的生日派對主題是「太空旅行」，Suki 做了一張火箭登月的生日卡。我剪好銀色月亮、彩紙星星和火箭，她來構圖和黏貼，最後從字母貼畫上找出朋友的名字貼在生日卡上。

給爸爸的3D情人節卡：作為爸爸前世的小情人，Suki 給爸爸製作了一張情人節卡片。我在彩紙上畫出桃心形狀，她來剪，然後我們一起黏貼出立體桃心。第一次做立體卡片，她感到很新奇，送給爸爸的時候格外驕傲。

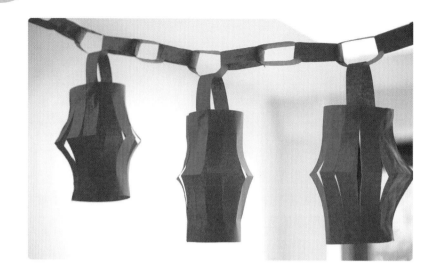

新年紙燈籠
CHINESE LANTERN

● 方法和準備

在倫敦不容易買到新年裝飾，那麼我們自己來製作簡單的紙燈籠。我把紅色的彩紙對摺，在背面畫出許多2厘米等距的平行線，讓Suki用兒童剪刀沿線剪紙。剪好後她用膠水把彩紙邊緣黏貼起來，加上紙條當作提手，就做成了紅燈籠。再剪出許多紅色紙條，把它們連環黏貼起來，就成了掛燈籠的紙鏈。

● 學習和表現

這是一個比較簡單的紙藝手工，2歲的寶寶也可以操作完成。在製作燈籠的過程中，他可以學習使用剪刀和膠水，嘗試用紙造型，並學習中國文化。

TIPS

使用兒童剪刀沿線剪紙是個挑戰，Suki有時會剪得歪歪扭扭甚至把紙條剪斷。我會協助她把紙拉平，指導她用剪刀穩穩地沿線去剪。使用剪刀要注意安全，要選擇圓頭的兒童剪刀。

口袋裏的油彩
PAINTING IN BAG

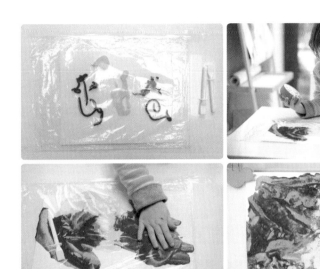

TIPS

可以在口袋裏放置不同的顏料，可以是水彩或水粉，還可以加亮片或者熒光粉。

● 方法和準備

我將紅、黃、藍3種顏色的顏料擠在白紙上，放進透明的包裝袋裏，再把口袋在桌面貼牢。Suki可以用手指也可以用小棍去塗抹口袋裏的顏料，觀察顏色混合時出現的新的顏色。完畢後把畫紙拿出來晾乾，在遊戲室裏展出。

● 學習和表現

Suki很喜歡畫水彩，有時她弄髒了手會停下創作要求洗手。因此我設計了這個「口袋油彩」的遊戲，她可以大膽地畫，怎麼玩都不會把手弄髒，我也不用擔心顏料沾到衣服上。用手指和小棍塗抹會出現不同的紋路。我們一起觀察紅色加黃色變成橙色，藍色加黃色變成綠色。這是目前她最喜歡的畫畫方式之一。

紙雕塑
PAPER SCULPTRUE

● 方法和準備

我在托盤裏準備好硬卡紙和膠水,剪出許多不同寬度的各色長紙條。我和Suki一起用紙條進行空間造型,扭轉、連接、折疊它們,黏貼出一盤紙雕塑。

● 學習和表現

這是一個三維空間的創作遊戲,探索以紙為材料的空間塑形方式。這樣的立體創作和Suki平時的平面繪畫很不一樣,她很謹慎地彎曲紙條再黏貼起來,有時需要媽媽幫忙操作。Suki的建築師爸爸很喜歡她這個作品。

TIPS

需要黏度比較強的膠水才能夠讓紙雕塑保持造型。

用積木印刷形狀圖案
WOOD BLOCK PRINTS

TIPS

Suki 1歲時我也嘗試用同樣的方式進行布料圖案的設計，利用圖形印章和防水印油把圖案印在布料上，之後我用這幅自創的布料給 Suki 做了一件上衣。下次我也會讓她來印刷布料圖案。

● 方法和準備

我在托盤裏準備好各種形狀的積木，紅、黃、藍的水彩和白紙。有這幾樣很簡單的工具，Suki 就可以印刷出圖案了。

● 學習和表現

這是 Suki 學習圖案製作和印刷的第一課。她握住積木，沾一些顏料，在紙面上重複「蓋章」，3種不同形狀和顏色的元素重複出現，產生了「圖案」的效果。在印刷的過程中，需要她手部用力，並且拿握得很穩，又能迅速把積木抽走，才能印出清晰的形狀。她練習了好幾次才能夠「印刷」出整齊清楚的形狀圖案。

做一個復活節彩蛋掛飾
MAKING EASTER EGG

● 方法和準備

　　復活節到了，商店裏都是漂亮的彩蛋，我們也自己動手來製作彩蛋掛件。嫲嫲幫忙用鐵籤在雞蛋兩端打孔；抽出鐵籤，Suki從一個孔往裏吹氣，直到把蛋清蛋黃都從另一個孔吹出來。把小蛋殼洗乾淨，用絲帶把蛋殼穿起來，再加上彩色墜飾。嫲嫲拿好雞蛋，Suki用棉花棒塗抹油彩，在蛋殼上畫畫。晾乾以後，就是一個真正的復活節彩蛋掛飾了。

● 學習和表現

　　也許是形狀和質感的緣故，寶寶們都非常喜歡蛋，所以這個項目雖然有些挑戰，Suki還是很期待。在製作過程中，吹雞蛋需要很大的肺活量。「吹」這個動作寶寶從1歲開始要花不少時間才能掌握。吹泡泡、口琴和喇叭等，都需要學會「吹」。用棉花棒在蛋殼上繪畫的過程需要她小心翼翼，平穩地控制手指和手腕。Suki完成彩蛋以後十分得意，拎着它到處跑，一個下午不離手。

TIPS

　　如果有白雞蛋效果
會更好；穿絲帶時用膠帶
把絲帶端頭黏上一圈才好
穿孔。

冰塊畫水彩
ICE PAINTING

● 方法和準備

我們嘗試了非常好玩的冰塊畫水彩。我把不同顏色的水彩擠進冰格中，加一些水，放進冰櫃冷凍數小時。取出後把這些冰塊放在托盤裏的水彩紙上，Suki用手指滑動它們就可以畫畫了。繪畫的過程中有一部分冰融化，因此會產生很漂亮的暈染效果，顏色之間融合起來又會產生新的顏色。冰塊畫完成後在遊戲室裏掛起來展覽吧。

● 學習和表現

這是近期最受歡迎的繪畫遊戲。Suki很喜歡用指尖觸摸冰的感覺，看它們留下彩色的軌跡，觀察冰融化的過程。這個遊戲不僅畫面可以很漂亮，過程還非常乾淨，她的手上幾乎沒沾上任何顏料。每次有好朋友來訪，她都要求一起進行冰塊水彩畫。

TIPS

如果擔心口慾期的寶寶把冰塊往嘴裏放，可以把食用色素滴到冰格裏，這樣即使寶寶舔了冰塊也不用緊張。我也會使用不同造型的模子，例如小魚形狀的冰格，會讓寶寶很喜歡。

水氣球繪畫
WATER BALLOON PAINTING

• 方法和準備

我把氣球套在水龍頭上，注入一些水後扎起來就成了水氣球。水氣球可以給妹妹Sula當作嬰兒玩具，也可以是有趣的水彩印刷工具。不用做甚麼準備，有一碗顏料和一張紙就可以開始創作了。

• 學習和表現

Suki用水氣球沾上顏料，在紙面上「印刷」，留下的痕跡非常特別，有着花一般的紋路，我們都相當滿意這樣的效果，又一張作品加入遊戲室的美術展覽中。轉動腦筋，可以作為美術工具的材料是無限的。這樣的探索可以幫助寶寶打開想像，沒有局限地進行創作，並觀察和體會使用不同工具的手感和美術效果。

TIPS

進行水氣球繪畫時，可以提供更多顏色，甚至在顏料裏加一些亮粉，畫作又有一番不同。

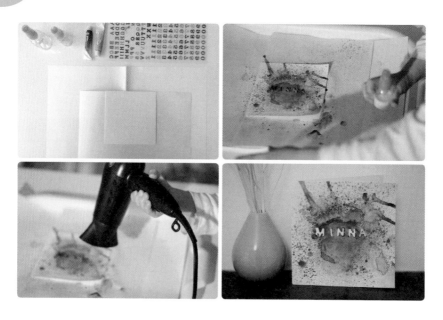

噴繪
COLOUR SPRAY

● 方法和準備

　　Suki的好朋友過生日，我們噴繪了一張有她名字的生日卡。材料是字母貼紙、顏料、噴繪瓶、水和白色卡片。我用字母貼在卡片上貼上名字，在兩個噴繪瓶裏面混合顏料與水，一瓶藍色、一瓶黃色，然後讓Suki在卡片表面噴繪。噴繪完畢她用吹風機吹乾卡片，觀察水彩在熱風裏吹出痕跡和變乾的過程。當卡片完全乾燥了，我們把字母貼摘掉，就出現了好朋友名字的剪影。

● 學習和表現

　　Suki在這個創作中學習了噴繪工具的使用，感受噴繪的畫面效果，嘗試使用吹風機。按噴霧瓶需要手指的力量，偶爾噴不準時她需要媽媽幫忙。用吹風機烘乾是個有趣的過程，她發現風的方向可以控制顏料水流的走向。

TIPS

　　可以利用旅行用的小化妝瓶當作噴霧瓶。

全身肖像
FULL BODY PORTRAIT

TIPS

畫出寶寶的全身肖像之後還可以玩「明天穿甚麼」的服裝搭配遊戲，讓他在衣櫃裏選擇自己明天要穿的衣物，擺在肖像上看看搭配效果。

• 方法和準備

這是爸爸和 Suki 的遊戲。爸爸拿來一大卷紙，平鋪在地板上，讓 Suki 躺在上面，用水筆在紙面勾勒她身體的輪廓，給她畫全身肖像。然後 Suki 作為藝術指導，觀察自己身上的細節，要求爸爸來畫眼睛、鼻子、嘴巴和衣服圖案。

• 學習和表現

這是一個親子互動的繪畫遊戲，寶寶要全身參與一張大幅畫作的創作，還要仔細觀察細節，並用詞彙表達。這個遊戲讓 Suki 興奮不已，爸爸勾勒全身輪廓時她咔咔樂個不停。

畫一張藍天白雲
SKY AND CLOUD PAINTING

● 方法和準備

用棉花和水彩來畫一張藍天白雲。準備材料包括藍色的顏料、一碗撕碎的棉花、白紙和刷子。Suki 用刷子畫出藍天，再把棉花雲朵黏貼在藍天上。在顏料未乾的時候，棉花會很容易黏在顏料上，不會掉下來。

● 學習和表現

之前的水彩創作都是隨機的繪畫。這次是 Suki 第一次畫比較具象的繪畫：藍色是天空，白色是雲朵，這是描繪事物的初步嘗試，用棉花創作起來更有趣，也很形象。

TIPS

我在畫布上方擺放了一張藍天白雲的照片，Suki 可以觀察再創作，這可能是最初級的「臨摹」。

家裏的
蒙特梭利教室：
0-3歲 學前
教育遊戲

作者
安瀟

責任編輯
林可欣

封面設計
陳翠賢

排版
何秋雲

出版者
萬里機構出版有限公司
香港鰂魚涌英皇道1065號東達中心1305室
電話：2564 7511　傳真：2565 5539
電郵：info@wanlibk.com
網址：http://www.wanlibk.com
　　　http://www.facebook.com/wanlibk

發行者
香港聯合書刊物流有限公司
香港新界大埔汀麗路 36 號
中華商務印刷大廈 3 字樓
電話：2150 2100　傳真：2407 3062
電郵：info@suplogistics.com.hk

承印者
萬里印刷（香港）有限公司

出版日期
二零一九年十二月第一次印刷